Christiane Kutik
Mit kleinen Kindern

Christiane Kutik

Mit kleinen Kindern

spielen, erleben, schöpferisch sein –
zu Hause und in Spielgruppen

mit Illustrationen
von Herbert Holzing

Verlag Freies Geistesleben

CIP-Titelaufnahme der Deutschen Bibliothek

Kutik, Christiane:
Mit kleinen Kindern spielen, erleben, schöpferisch sein –
zu Hause und in Spielgruppen / Christiane Kutik.
Mit Illustrationen von Herbert Holzing –
Stuttgart: Verlag Freies Geistesleben, 1990

ISBN 3-7725-1083-3

Einband und Illustrationen: Herbert Holzing

Druck: Greiserdruck, Rastatt

Inhalt

Vorwort

Äußere Lebensverhältnisse sind nicht immer kindgerecht. Die Umwelt läßt sich kaum verändern, doch es ist überall möglich, in der Stadt genauso gut wie auf dem Lande, dem Kind zumindest im häuslichen Bereich eine ihm gemäße Umgebung zu schaffen. Der Erzieher kann mit seiner Einstellung und mit seinem Verhalten wesentlich dazu beitragen. Er kommt dem Kinde entgegen, wenn er es so annimmt, wie es ist, und wenn es ihm gelingt, in sich selbst Kreativität und Phantasie zu beleben. Das vorliegende Buch möchte ihn dabei unterstützen. Im ersten Teil werden unter anderem Anregungen zur Auswahl von Spielmaterial gegeben. Beispiele von Reimen, Liedern und Reigen führen in die Rhythmen und in die Klangwelt des Vorschulalters ein. Besonders wird auf den Bildhunger der Kinder in unserer Zeit eingegangen, dem man z.B. mit der Pflege des Puppenspiels begegnen kann. Im zweiten Teil des Buches finden Mütter und Väter, die eine Spielgruppe gründen wollen, viele praktische Anregungen.

Zu den einzelnen Themen und Kapiteln gehören viele erlebte Alltagssituationen aus Familien und aus Spielgruppen. Sie zeigen, daß Kinder sich in ihren Äußerungen und Bedürfnissen völlig anders verhalten als Erwachsene, daß ihnen alles Vernunftmäßige noch fremd ist und daß es immer wieder Vorbilder sind, an denen sie sich orientieren.

Im Anhang wird auf weiterführende Literatur zur Erziehungskunst verwiesen. Hier findet sich auch ein Bezugsquellenverzeichnis für die erwähnten Gestaltungsmaterialien.

1
Vom kleinen Kind

Die Persönlichkeit des kleinen Kindes

Kleine Kinder sind oft schon sehr eigenständig in ihrer Persönlichkeit. Bereits im Vorschulalter zeigt jedes einzelne sehr individuelle Anlagen und Bedürfnisse. Wie sich auch die Kinder in ihrer Wesensart voneinander unterscheiden, ihrer Natur nach haben sie vieles gemeinsam. Die Offenheit, mit der sie auf andere Menschen zugehen können, und das Vertrauen, das sie ihnen entgegenbringen, ist niemals mehr so groß wie in den ersten Lebensjahren. Es ist ihnen noch fremd, nachtragend zu sein. Der Erzieher ist für sie Vorbild. An ihm wollen sie sich orientieren. Das, was er vorlebt, ahmen sie nach. Er nimmt mit seinem Wesen und mit seiner Moral Einfluß auf ihre Entwicklung.
Etwa mit drei Jahren beendet das Kind einen ersten, wichtigen Lebensabschnitt. In unermüdlicher Nachahmung der Menschen in seiner Umgebung hat es stehen, laufen und sprechen gelernt. Es kann «ich» zu sich sagen. Hat es sich bislang noch in das augenblickliche Geschehen miteinbezogen, z.B. beim Kreiselspiel, wenn es sich mit dem tanzenden Kreisel ringsherum gedreht hat, so wird es das nun immer weniger tun. Es bleibt daneben und schaut zu.
Gegen das 4. Lebensjahr kann das Kind von sich aus auf andere zugehen und mit ihnen, nicht wie früher neben ihnen, spielen. Ein soziales Miteinander, ein Geben und Nehmen wird möglich. Spiele werden wichtig, in denen die Kameraden, die Puppen oder es selbst eine Rolle übernehmen. Mit der Fähigkeit, aufmerksam zu werden auf das, was ringsum vorgeht, beginnt die Kindergarten- oder Vorschulzeit.

«Warum...?»

Die Umgebung gewinnt nun immer mehr an Bedeutung. Das Kind zeigt großes Interesse an allem, was es sieht und erlebt. Es fragt und fragt und hält dadurch seine Erzieher in Atem. Mit ausführlichen, vernunftmäßigen Antworten kann es aber noch kaum etwas anfangen.

Einmal, als ein Vater seinem kleinen Sohn eine Frage beantworten wollte und dabei viele Worte machte, wehrte der Bub ab: «Wenn du so viel sagst, versteh' ich gar nichts» und lief weg. Der Vater fühlte sich gekränkt: «Warum fragst du, wenn du es nicht wissen willst?»
Kinder begreifen am besten, wenn man bildhaft mit ihnen spricht. Manchmal geben sie selbst Beispiele dafür. Wenn der Erwachsene noch grübelt, wissen sie schon eine Antwort.
Die Mutter steckte Nähnadeln in ein Nadelbüchlein. Die Tochter fragte: «Warum kommen die Nadeln da rein?», und gleich fiel ihr ein: «Ich weiß schon, die müssen jetzt schlafen gehen.»
Anna (5 J.) wollte wissen: «Seit wann gibt es die Welt?». Als die Eltern noch überlegten, was sie antworten sollten, sagte sie: «Ach ja, das ist, seitdem es die Sonne gibt, sonst könnte ja gar nichts wachsen.»

«Wie war es denn ...?»

So gerne das Kind selbst fragt, es fällt ihm schwer, auf direkte Fragen einzugehen. Im Vorschulalter ist es noch ganz mit dem augenblicklichen Geschehen verbunden. Auf Anforderung kann es kaum auf etwas Vergangenes zurückblicken. Es will nicht bedrängt werden. Das, was es mitteilen möchte, sprudelt ganz von alleine aus ihm heraus. Erwachsene fühlen sich oft enttäuscht, daß Kinder anders reagieren, als sie es sich vorgestellt haben.
Jakob (5 J.) mußte wegen eines kleinen Eingriffs in ein Krankenhaus. Am gleichen Tag durfte er wieder nach Hause. Die Großmutter rief an. Sie wollte sich nach seinem Befinden erkundigen. Als die Mutter dem Buben den Telefonhörer weiterreichte und sagte: «Erzähl' der Omi, wie es war», legte er einfach auf.
Wenn Marion (4 J.) vom Kindergarten abgeholt und gefragt wurde: «Wie war es denn heute? Was habt ihr denn gemacht?», wollte sie gar nicht darauf eingehen. Oft antwortete sie nur: «Sag ich nicht!» Bei anderen Gelegenheiten erzählte sie aber ohne Aufforderung sehr gerne etwas von sich aus.

«Heute will ich…!»

Das kleine Kind will sich mit lebensnahen Dingen beschäftigen. Es hat Freude daran, wenn es gelegentlich etwas von den Erwachsenenarbeiten übernehmen darf. Wenn es dann heißt: «Ach laß das!» – «Ich mach das schnell selbst.» – «Das ist noch nichts für dich», tut man ihm nichts Gutes. Wo das Kind nicht tätig sein darf, kann es keine Erfahrungen sammeln. Wo es kein Zutrauen erfährt, wird es in seinem Willensantrieb nicht gefördert. Überläßt man ihm aber ab und zu eine Aufgabe, die es gerne selbst tun möchte, so darf man nicht erwarten, daß es diese auch perfekt beenden wird. Das Vorschulkind ist noch gar nicht in der Lage, konsequent bei einer Sache zu verweilen. Sowie etwas anderes Interessantes in sein Blickfeld gerät, wendet es sich dem auch zu.
Einmal nach dem Mittagessen sagt Peter (4 1/2 J.) von sich aus: «Heute wasch' ich ab!» Er freut sich, daß er das darf und schiebt sich einen Stuhl vor die Spüle. Das Wasser läuft ins Becken, Spülmittel wird dazugespritzt, Schaum blubbert herauf, höher und höher in vielen Bläschen. Die obersten werden größer. Peter staunt: «Da sind ganz viele Farben drin», sagt er zur Mutter. Die Bläschen knistern, manche platzen, aber von unten schäumen immer wieder neue herauf. Der Schaum läßt sich mit der Spülbürste im Kreis herumschieben. Der Bub hätte das Abwaschen vielleicht vergessen, wenn die Mutter ihn nicht erinnert hätte, daß die Teller sicher schon sehr gerne wieder sauber werden möchten.
Eines Sonntags sagte Jonas (4 1/2 J.): «Heute mach' ich Frühstück. Niemand darf kommen.» Als sich nach etwa einer halben Stunde noch nichts rührte, guckte der Vater dann doch nach. Der Sohn hüpfte vor dem Fenster des Eßzimmers hin und her und klatschte dabei immer wieder seine Hände zusammen. Er war ganz begeistert von dem breiten Sonnenstrahl, der dort durch die Scheiben fiel und versuchte, ihn zu fangen. «Soll ich dir doch ein bißchen beim Frühstückmachen helfen?», erkundigte sich der Vater. «Ach so, ja», sagte der Bub, «jetzt hab' ich's ganz vergessen.»

«Ich kann schon ...»

Im Vorschulalter beschäftigen sich die Kinder gerne schon mit Zahlen und mit Buchstaben. Wenn sie spielend, ohne Ernst nachahmen, was sie irgendwo mitbekommen haben, dann will noch alles durcheinandertanzen. «Ich kann schon zählen» – «ich kann schon schreiben», sagen sie stolz. Es ist schön für sie, wenn sich der Erwachsene dann mit ihnen freuen kann. Sie fühlen sich aber überfordert, wenn er ihre Versuche zu ernst nimmt.

Daniel (5 1/2 J.) reimt sich die Zahlen zusammen, die er von den Großen aufgeschnappt hat: «1 ... 3 ... 18 ... 6...». Er ist ganz glücklich, daß er schon zählen kann, und niemand kommt auf die Idee, ihm seine Freude zu nehmen.

Eva (5 J.) will auch «schreiben». Von ihrem großen Bruder hat sie sich einige Buchstaben abgeguckt. Sie setzt mehrere A, H und E auf ein Blatt, dorthin, wo es ihr gerade einfällt, und sie hat sichtlich Vergnügen dabei. Der Vater kommt dazu. Stolz darauf, daß seine Tochter schon Schreibübungen macht, holt er ein liniertes Papier. Damit soll sie es leichter haben, die Buchstaben schön «in die Reihe» zu setzen. Eva malt noch ein E auf das Blatt, dann hat sie keine Lust mehr. Jetzt, wo es ernst werden soll, wendet sie sich lieber etwas anderem zu.

Das Kind und seine Umgebung

Die Entwicklung des Kindes wird von seiner unmittelbaren Umgebung beeinflußt. Die räumlichen Verhältnisse, die sozialen und familiären Gegebenheiten und auch die Einflüsse der modernen Zivilisation gehören dazu. Durch die Menschen, die ihm am nächsten stehen, tritt das Kind in Beziehung zur Umwelt. Seinen Erziehern schaut es das meiste ab. Von ihrem Verhalten und von ihrer Lebenseinstellung hängt es ab, wie es in seine Umwelt hineinfindet. Sie nehmen Einfluß darauf, in welchem Maße es mit den Produkten der modernen Spielwarenindustrie eingedeckt wird, ob ihm durch Fernsehen, Cassetten, Kindercomputer etc. Unterhaltung geboten wird oder ob es Gelegenheit hat, sich selbsttätig und kreativ mit seiner Umwelt vertraut zu machen.

Das kleine Kind ist noch nicht in der Lage, etwas mit Abstand zu betrachten. An allem, was es sieht, zeigt es Interesse. Es hat Freude daran, eigene Erfahrungen zu machen. Täglich können wir erleben, wie es versucht, sich mit seiner Umgebung auseinanderzusetzen und sie kennenzulernen. Es will anfassen, ausprobieren, verwandeln.

Auch in unserer Zeit gibt es noch viele Gelegenheiten, lebendige Arbeitsprozesse zu erleben. Neben den vielfältigen Tätigkeiten, welche die Erwachsenen im Bereich des Hauses verrichten, ist es für kleine Kinder wichtig, auch anderen Menschen bei der Arbeit zuzusehen. Was sie dabei erfahren, können sie in ihre Spiele miteinbeziehen. Für sie ist es sehr beeindruckend, wenn sie einmal einen Schreiner, einen Schuster, einen Bäcker oder einen Koch besuchen dürfen. Sie gehen gerne mit zum Gärtner, zur Blumenfrau oder zum Friseur. Auch wenn keine Reise geplant ist, freuen sie sich, wenn man mit ihnen zu einem Bahnhof oder zu einem Schiffshafen geht und dort dem geschäftigen Treiben der Reisenden und der Bediensteten zusieht. Der Beruf des Kaminkehrers, des Straßenreinigers, des Busfahrers, des Postboten kann einem Kind genauso erstrebenswert erscheinen wie der einer Krankenschwester oder eines Arztes, weil dabei nachvollziehbare Tätigkeiten ausgeübt werden. Jede Arbeit,

die durchschaubar ist, gibt ihm Anregungen, spielend selbst tätig zu werden.
Martin (5 J.) erlebt, wie das Nachbarhaus renoviert wird. Mit Ausdauer steht er daneben und schaut zu. Einmal macht er sich auch «Mörtel». Er hat in einem Spieleimer Sand und Wasser angerührt. Nun «bessert» er mit Hingabe das Wohnhaus seiner Eltern aus. Als der Vater dazu kommt, zeigt er ihm stolz die grauen Batzen, die er auf die weiße Hausmauer gestrichen hat. «Schau, was ich gemacht habe», sagt er strahlend, «das hab' ich alles gerichtet.» Dafür hat der Vater nun überhaupt kein Verständnis. Er meint, daß es viel besser wäre, wenn der Bub mit seinem Mörtel die Fugen zwischen den Steinplatten auf dem Gehweg zuschmieren würde.

Das Kind und seine Erzieher

Mütter und Väter sind selten schon von Anfang an erfahrene Erzieher. Erst nach und nach, durch den täglichen Umgang mit den Kindern, finden sie sich in ihre Aufgabe hinein. Es ist ganz normal, daß es gelegentlich Situationen gibt, die zu unbedachtem Verhalten herausfordern. Es wird kaum jemandem gelingen, fortwährend ein ideales Vorbild zu sein. Für das Kind ist es jedoch wichtig, daß es trotz allem eine Grundhaltung von Geborgenheit spürt, daß der Erzieher es in seiner Persönlichkeit anerkennt und ihm eine Atmosphäre bereitet, die es braucht, um sich in Freiheit entfalten zu können.

Erziehung bedeutet zuallererst auch Selbsterziehung des Erwachsenen. Jeder Mensch ist, solange er lebt, ein Werdender. Bis ins hohe Alter kann er neue Erfahrungen und Einsichten dazugewinnen. Erwachsene sind nicht unfehlbar. Sie können immer wieder die Möglichkeit wahrnehmen, sich selbst zu prüfen und ihre Erziehungsmaßnahmen zu überdenken.

Mütter und Väter sind wichtigste Bezugspersonen für die Kinder. Sie sind Vorbilder. Ihre Taten, ihre Sprache, aber auch ihre Gedanken und Stimmungen werden nachgeahmt. Durch die Art, wie sich Erwachsene geben, können sie erheiternd oder auch belastend auf das Gemüt der Kinder wirken.

«Schau mal…!»

Das kleine Kind will den Erwachsenen mitnehmen in seine Welt der kleinen Wunder. So vieles, was diesem selbstverständlich erscheint, ruft bei ihm Staunen hervor. «Schau mal…», so ruft es oft, wenn es etwas entdeckt hat. Es ist ihm nicht gleichgültig, ob der Angesprochene sich nun erhaben fühlt und kein Interesse zeigt oder ob es ihm gelingt, sich in das Wesen des Kindes einzufühlen und mit ihm die Freuden an den kleinen Dingen des Alltags zu teilen. Es sind nicht die großartigen Zu-

sammenhänge, die ein Kind begeistern. Es richtet seine Augen auf das Naheliegende, auf etwas, was es übersehen kann.
Benjamin (4 J.) hat mit seinen Eltern einen Ausflug auf einen Berg gemacht. Vom Gipfel aus kann man weit ins Land hineinblicken. Die Mutter will dem Sohn die Aussicht zeigen. Der aber macht sich nichts daraus. Er hockt weiterhin am Boden und beschäftigt sich damit, kleine Steinchen aufzuheben und wieder fallen zu lassen. Das, was er greifen kann, ist ihm wichtiger als der schöne Blick.
Einmal hatten sich mehrere Familien zu einem Landausflug zusammengetan. Man suchte einen Rastplatz und kam zu einer Waldlichtung. Dort luden Baumstümpfe zum Sitzen ein. Man rastete. Einer der Erwachsenen blickte sich besorgt um und meinte: «Naja, die Bäume sind hier auch schon fast alle krank!» – Damit war ein Stichwort für ein Gespräch in Weltuntergangsstimmung gegeben. Die Kinder aber waren aufs Beste beschäftigt. Ein Bub brachte ein Stückchen von einer hellblauen Vogeleierschale, andere beguckten ein Marienkäferchen, wieder andere schaukelten vergnügt auf einem tiefhängenden Ast. Alle hatten etwas entdeckt, was ihnen Freude machte. Zeigten sie damit im Grunde nicht auch den Eltern, wie schön es sein kann, das Hier und Jetzt anzunehmen und zu ergreifen?

«Wie gut du das kannst...!»

Jeder hat schon selbst erlebt, wie wohltuend und aufbauend es ist, wenn man gelobt wird. Man fühlt sich dadurch in seiner Persönlichkeit anerkannt. Eben solche Anerkennung brauchen die kleinen Kinder, die dabei sind, sich ins Leben hineinzufinden, ganz besonders. Jeden Tag gibt es etwas, was sie gut gemacht haben, was zu loben ist. Es muß nicht nur Außergewöhnliches mit liebevollen Worten bedacht werden. Die vielen Kleinigkeiten des Alltags geben genug Gelegenheit dazu. Das Kind hat z.B. ein schönes Spiel aufgebaut, etwas aus dem Weg geräumt, Futter ins Vogelhäuschen gestreut, beim Tischdecken geholfen ... was immer es sein mag. Es tut ihm gut, wenn der Erwachsene sein Schaffen mit Aufmerksamkeit begleitet.

«Nun sei doch mal vernünftig!»

Ein Kind im Vorschulalter wirkt manchmal so aufgeweckt und gescheit, daß es von den Erwachsenen überschätzt wird. Oft wird es viel weniger kindgemäß angesprochen, als es eigentlich notwendig wäre. Erzieher, die mit Worten und Erklärungen etwas erreichen wollen, sind dann oft ungehalten, wenn es nicht entsprechend reagiert. Das kleine Kind ist aber noch kaum in der Lage, Worte in Taten umzusetzen – es sei denn, man wendet unpädagogische Maßnahmen an.

«Du hast es aber versprochen ...!»

Das, was der Erzieher sagt, nimmt das Kind ernst. Wenn er etwas verspricht, freut es sich darauf. Es ist mit Recht enttäuscht, wenn jemand nicht zu seinem Wort steht. «Du hast es aber versprochen!» beklagt es sich, oder «Du sagst doch immer, was man verspricht, das muß man auch halten!» Natürlich versuchen die Kinder bei verschiedenen Gelegenheiten, dem Erwachsenen dieses oder jenes Versprechen abzuluchsen. Ein unverbindliches «Das sehen wir dann schon» läßt alles offen.

«Wie bitte ....?»

Gewisse Formen der Höflichkeit kann das Kind nicht anders als durch seine Erzieher mitbekommen. Immer wieder muß es dazu angeregt werden. Die überreiche Verfügbarkeit materieller Dinge und das veränderte Sozialgefüge haben dazu geführt, daß das Bitten, das Danken und das Grüßen heute oft etwas geringschätzig betrachtet werden. Häufig erlebt man, daß Mütter und Väter von anderen jungen Eltern als altmodisch abgetan werden, wenn sie darauf Wert legen. Können diese Tugenden nicht auch Ausdruck der Achtung vor dem Nächsten sein? Sind sie nicht notwendig, um ein soziales Miteinander zu pflegen? Die Hinwendung vom Ich zum Du können die Kinder nicht von sich aus lernen. Sie brauchen das geduldige Vorbild des Erziehers.

«Das war eine Kröte!»

Gassenwörter und häßliche Redewendungen üben eine große Faszination auf die Kinder aus. Sobald sie bestimmte Ausdrücke irgendwo aufschnappen, gebrauchen sie diese mit wahrer Lust. Sie beobachten dabei sehr aufmerksam die Reaktion des Erwachsenen. Sie haben ihr Vergnügen daran, ihn herauszufordern. Wie weit können sie es treiben? Wenn man einfach nicht hinhört, werden schlechte Ausdrücke meist noch häufiger und noch lauter gebraucht. Das Kind versucht alles, damit der Erzieher reagiert. Die Hoffnung vieler Mütter und Väter, daß provozierende Wortgebilde schon vergehen werden, wenn man sie nicht beachtet, kann man nicht bestätigt finden. Kinder, denen keine Grenzen gesetzt werden, können sie auch aus sich selbst heraus nicht finden.

Wenn auch Erwachsene oft die Meinung äußern, es gäbe eine Kindersubkultur, der man ihren eigenen Sprachgebrauch zugestehen müßte, so liegt es doch an ihnen, auf den Ton Einfluß zu nehmen, der zu Hause gepflegt wird. Sie selbst können dafür Vorbild sein.

Manche Eltern, die sich durch die Kraftausdrücke ihrer Kinder herausgefordert fühlen, empfinden es als hilfreich, das Grimmsche Märchen von den «Drei Männlein im Walde» zu erzählen. Darin wird das gute Mädchen geschildert, dem bei jedem Wort, das es spricht, ein Goldstück aus dem Munde springt, und ein häßliches Mädchen, das mit allem, was es sagt, nur Kröten hervorbringt. Solche eindrucksvollen Bilder beschäftigen die Kinder. Wie aufmerksam sie sein können, wenn einem Erwachsenen mal ein schlimmes Wort herausrutscht: «Das war aber eine Kröte!», wissen sie dann gleich.

«Es sieht ja keiner…!»

Erziehung zur Moralität erfährt das Kind nicht durch Worte wie «du sollst…», sondern durch das Vorbild der Erwachsenen in seiner Umgebung. Auch das wiederholte Erzählen von Volksmärchen mit ihren einprägsamen Wahrbildern trägt dazu bei (s.a. Kap. 7).

Durch verschiedene Erlebnisse mit den Menschen in ihrer Umgebung kommen die Kinder häufig mit Unmoral in Berührung. Franz Kafka gibt

mit seinem langen «Brief an den Vater» ein Beispiel dafür. Er schreibt, wie er als Kind darunter gelitten hatte, daß der Vater bestimmte Erziehungsmaßregeln aufgestellt hatte, an die er sich selbst jedoch nicht hielt. Durch seine väterliche Macht übte er Druck aus und verlangte Verhaltensweisen, für die er jedoch kein Vorbild war.
Unbedacht geben Erwachsene bei vielen kleinen, ja fast nebensächlichen Begebenheiten im Alltag Beispiele für unmoralisches Verhalten.
Die Eltern gehen mit den Kindern zu einer Veranstaltung. Kurz vor der Kasse flüstert einer der Erwachsenen dem schon Sechsjährigen zu: «Wir sagen einfach, du bist erst fünf, dann kostest du noch nichts!»
Der Großvater steckt dem Enkel eine Nascherei zu. Weil er weiß, daß es zu Hause nicht gerne gesehen wird, wenn die Kinder Süßes schlecken, schärft er dem Kleinen ein: «Sag's aber nicht zu Hause!»

«Zur Strafe ...»

Wie verhält man sich, wenn ein kleines Kind etwas angestellt hat? Braucht es Strafe oder Nachsicht? Vor diese Frage sehen sich viele Eltern gestellt.
Mißgeschicke entstehen oft aus Unachtsamkeit oder beim Spiel, wenn etwas ausprobiert, erfahren oder erkundet werden möchte. Es kommt aber auch durchaus vor, daß das Kind absichtlich etwas anrichtet, z.B. wenn es auf sich aufmerksam machen möchte. Manchmal wird dann sogar mit Spannung erwartet, was einem nun passieren wird. Es ist nicht schwer, herauszufinden und sich danach zu richten, ob der Erwachsene nur leere Drohungen von sich gibt, an denen nichts ist, oder ob er konsequent ist und Maßnahmen, die er angekündigt hat, auch ergreift.
Kann ein Mißgeschick so schlimm sein, daß aus Furcht vor der Reaktion eines Erziehers in der Unaufrichtigkeit Zuflucht gesucht werden muß? Gibt es Hoffnung, wenn einmal etwas Unrechtes geschehen ist? Kann man von einem Kind erwarten, daß es etwas zugibt, wenn ihm nicht eine Grundstimmung des Vertrauens entgegengebracht wird?
Zurechtweisungen des Erwachsenen werden immer wieder nötig sein. Dabei kann ein kurzes, kräftiges Donnerwetter mehr Wirkung haben als ein ewiges Hin- und Herziehen. Strafen sind nur sinnvoll, sofern sie

nicht bei jeder Kleinigkeit, und wenn, dann unmittelbar erfolgen. Kleine Kinder leben noch ganz im Augenblick. Sie können nicht begreifen, daß sie z.B. am Nachmittag nicht mit zum Ausflug gehen dürfen, weil sie sich am Vormittag schlecht benommen haben. Wenn gelegentlich notwendige Strafe sofort wirksam wird, verstehen sie das, genauso wie sie einsehen können, daß ein Kätzchen gleich kratzt, wenn man es zu fest drückt.
Kinder im Vorschulalter sind gerne in der Nähe des Erziehers. Für sie ist es schon eine Strafe, wenn sie z.B. für eine Weile in einen anderen Raum

gehen müssen. Wenn ein Kind durch sein Verhalten einmal jemandem einen Kummer bereitet hat, muß es auch darauf aufmerksam gemacht werden, nur dann kann ein soziales Empfinden in ihm geweckt werden. Viel ist schon damit erreicht, wenn es etwas eingestehen kann. Darüber hinaus kann es aber auch dazu hingeführt werden, daß es selbst beiträgt, etwas in Ordnung zu bringen oder zumindestens auszugleichen.

Johanna (4 1/2 J.) konnte nun auch Fahrrad fahren. Der Vater hatte einen Ausflug versprochen. Markus, der Bruder (6 1/2 J.), der wohl eifersüchtig war, daß die Schwester mitkommen durfte, holte sich eine Nadel und stach sie heimlich in den Reifen ihres Fahrrades. Am Nachmittag, als man sich auf den Weg machen wollte, wurde der Schaden offenbar. Der Vater wunderte sich über den Platten. Dann entdeckte er die Nadel. Nach einigem Hin und Her bekannte sich Markus zu der Tat. Der Vater, der ziemlich ärgerlich war, fand dann doch Anerkennung für das Eingeständnis. Er legte Wert darauf, daß der Bub das Fahrrad wieder richtete. Natürlich half er ihm dabei. Nachher, als der Reifen geflickt war, zeigte Markus sich sehr zufrieden, wie gut die Reparatur gelungen war.

«Wir haben nur gespielt!»

Nicht selten erleben Kinder, daß manches, was sie arglos in ihr Spiel miteinbezogen haben, von Erwachsenen ganz anders aufgefaßt wird. Wenn dann wieder etwas ins Lot gebracht werden muß, ist es eine wichtige Erfahrung für sie, daß es nicht nur Sache des Erziehers ist, etwas auszubügeln.

Katrin und Peter spielen im Hof. Sie schaufeln einträchtig im Sand. Nach einiger Zeit beschwert sich die Hausbesitzerin bei der Mutter, daß die Kinder unten im Garten mutwillig die Fruchtstände des Essigbaumes abgebrochen hätten. Als die Mutter herunterkommt, sieht sie, daß im Sandkasten eine wunderschöne Landschaft aus Sand aufgebaut ist. Da gibt es Berg und Tal, Tunnels und Mauern. Ein Wäldchen steht am Rande. Wie echte Bäume sehen sie aus, diese Fruchtstände des Essigbaumes. Man sieht, daß sie nicht in schlechter Absicht, sondern aus der Freude am Spiel da hineingesteckt wurden. Bei allem Verständnis versucht die Mutter, in den Kindern ein Empfinden dafür zu wecken, wie dem Baum nun seine Früchte fehlen, wie lange es dauern wird, bis er wieder neue

tragen kann. «Wir haben doch nur gespielt», sagt eines der beiden arglos. Als die Mutter nun vorschlägt, daß man der Hausbesitzerin etwas Liebes vorbereiten könnte, sind die Kinder mit Eifer dabei. Es wird ein feiner Kuchen gebacken. Die Nachbarin ist sehr wohlwollend und versöhnlich, als die beiden ihn zu ihr bringen. «Sie hat sich ganz arg gefreut!», berichten sie glücklich.

«Das stimmt ja gar nicht!»

Gegen Ende des Vorschulalters hört man von den Kindern oft Geschichten, die – nüchtern gesehen – gar nicht wahr sein können. Ihre Phantasie geht spazieren, und dabei verschwimmt manchmal die Wirklichkeit.
Jakob und sein Freund Benjamin wohnen nahe beieinander. Jeden Morgen werden die beiden von Benjamins Vater in den Kindergarten gefahren. Jakob, den es bekümmert, daß seine Eltern kein Auto haben, fängt eines Tages an, von dem großen schönen Auto zu phantasieren, das diese sich gekauft haben. Tagelang und immer wieder erzählt er davon. Einmal, als der Freund fragt: «Warum fahren wir dann nie mit euch?», wurde er ganz still. Benjamin fand heraus, daß die Geschichte nicht stimmte. «Eh, du lügst ja!», rief er. Sein Vater, der das hörte und gut nachfühlen konnte, daß nur der Wunsch, mithalten zu können, die Phantasie des Buben beflügelt hatte, meinte, daß man auch einmal etwas im Traumland sehen könnte und daß das dann wohl keine Lüge wäre, wenn man davon erzählte.
Manchmal geben die Kinder auch ohne drängenden Anlaß Phantasiegeschichten von sich, und es macht ihnen Spaß, wenn sie ihre Zuhörer damit in Schrecken versetzen können. Martin (6 1/2 J.) und Eva (5 J.) steigern sich gegenseitig in eine phantastische Erzählung hinein. Sie sind mit den Eltern bei einem Ausflug. Es wird gerastet, und die beiden dürfen in der näheren Umgebung umherstreifen. Bald kehren sie aufgeregt zurück: «Wir haben Fischlein gesehen!» – «Ja, ganz viele schwarze.» – «Da war auch eine Hexe.» Die beiden schildern, wie gräßlich sie aussah. Sie kichern und freuen sich, als die Eltern ein erschrecktes Gesicht machen. «Aber das war eine liebe Hexe», fügen sie eilig hinzu. «Ja, ganz lieb war die. Sie wollte uns sogar Lebkuchen schenken.»

«Könnt ihr nicht friedlich sein?»

Wenn Kinder beisammen sind, kann nicht immer nur Frieden und Harmonie herrschen. Viele Streitigkeiten entstehen aus Geltungsdrang und aus Eifersucht. Man kann nicht erwarten, daß die Kinder Kränkungen, die sie einander gelegentlich zufügen, einfach hinnehmen. Ohne Auseinandersetzung ist eine gesunde Entwicklung nicht möglich.
Beengte Wohnsituationen, berufliche Anspannung etc. führen nicht selten zu einem starken Ruhebedürfnis der Erwachsenen. Oft lassen sie den Kindern kaum Gelegenheit, selbst mit einem Streit fertig zu werden. Kaum gibt es Geschrei, fühlen sie sich aufgerufen, einzugreifen. Eine übereilte Reaktion des Erwachsenen führt oft zu Ungerechtigkeiten, z.B. wenn die Mutter oder der Vater unbewußt dazu neigen – was häufig vorkommt –, ein jüngeres Geschwisterkind von vornherein in Schutz zu nehmen. Es ist immer sinnvoll, sich erst einmal Überblick über die Lage zu verschaffen und nicht gleich Partei zu ergreifen.

«… und was hast du gemacht?»

Schon dem kleinen Kind ist es gegeben, sich ins rechte Licht zu rücken und die Dinge so darzustellen, daß man selbst am besten dabei herauskommt. Wenn es Streit gibt, erzählt jedes nur gern von seinem eigenen Kummer. Erkundigt sich aber der Erzieher erst einmal: «Und was hast du gemacht?», dann windet sich der Ankläger meistens ein bißchen, und es stellt sich heraus, daß auch er zu dem Zwist beigetragen hat.
Manchmal reizen Kinder einander mit Mutwillen. Das Gezeter, das dann unweigerlich darauf folgt, läßt sich mit einem guten Einfall oft leichter besänftigen als mit einer Zurechtweisung. Wenn der Erwachsene selbst in guter Verfassung ist, gelingt es ihm natürlich eher, ausgleichend zu wirken, als wenn er angespannt ist.
«Mama», klagt Katrin, «der Peter hat mir die ganze Dose mit den Perlen umgeschmissen!». Die Mutter schaut sich die Bescherung an. «Wer soll denn die vielen kleinen Perlen wieder einsammeln?», überlegt sie, «ich glaube, da müssen die Vögelchen zu Hilfe kommen.» Sie macht mit ihren

beiden Händen Flatterbewegungen durch die Luft. Sie sind jetzt die Vögelchen und beginnen fleißig, die schönen bunten Perlen vom Boden aufzusammeln. Peter und Katrin wollen auch «Vögel spielen» und Perlen picken. Im Nu ist alles wieder aufgeklaubt.

«Es tut mir leid...!»

Das Vorbild der Erwachsenen kann nicht immer ideal sein. Bei noch so viel gutem Willen kommt immer wieder der ganz alltägliche Mensch mit seinen Fehlern und Schwächen durch. Wie erleichternd ist es manchmal, wenn man bei anderen Familien zu Gast ist und bei Alltagsproblemen, die es auch dort gibt, feststellt: «Ach, ist das bei euch auch so?»
Wenn einmal etwas nicht so gelungen war oder wenn man sich eigene Fehler eingesteht, kann das immer wieder ein Ansporn sein, dieses oder jenes beim nächsten Mal besser zu machen. Eltern können ihre Kinder auch einmal um Verzeihung bitten, wenn sie merken, daß sie ungerecht oder zu streng reagiert haben. Auch dadurch können sie ihnen Vorbild sein.

Vorbild und Nachahmung

Nachahmend finden sich die Kinder in ihre Umwelt hinein. Sie haben den Drang, ebenfalls das zu tun, was sie rings um sich erleben. Mit Verantwortung sollte darauf gesehen werden, daß das, was in der Umgebung der Kinder geschieht, möglichst nachahmenswert ist. Der Erwachsene wird fraglos als Vorbild angenommen. Er wirkt nicht nur durch sein Handeln, sondern auch durch seine Gedanken und seine Lebensauffassung. Trägt er Ehrfurcht vor der Schöpfung in sich, begegnet er den Menschen mit Achtung, ist er fähig, sich für etwas zu begeistern, zu staunen, Freude oder Dankbarkeit zu zeigen, so wird das Kind das auch tun. «Aber eins bringt niemand mit auf die Welt, und doch ist es das, worauf alles ankommt, damit der Mensch nach allen Seiten zu ein Mensch sei ... Ehrfurcht», heißt es bei Goethe («Wilhelm Meisters Wanderjahre»).

«Ich helf' dir»

Das kleine Kind möchte gerne das gleiche tun wie der Erwachsene. Es will auch schon die Suppe umrühren, Kräuter hacken, Wäsche aufhängen etc. Auch wenn es noch nicht so geschickt ist, kann man es ruhig mithelfen lassen. Wenn man ihm nicht Gelegenheit dazu gibt, läßt seine Schaffensfreude mit der Zeit nach. Die Nachahmungskräfte entfalten sich am besten dann, wenn ein Kind erlebt, daß sich jemand zufrieden und gut gelaunt mit einer Sache beschäftigt. Arbeiten, die mit Unlust oder mißmutig erledigt werden, regen nicht zum eigenen Tun oder zum Nachspielen an. Es ist ernüchternd für ein Kind, wenn es hört, wie Tätigkeiten, die es irgendwie bewundert hat, abgetan werden: «Ach, schon wieder kochen!» – «Wenn doch nur das Bügeln nicht wäre» oder ähnliches. Manches Erziehungsproblem würde gar nicht erst entstehen, wenn die Mutter oder der Vater, anstatt etwas zu fordern, selbst vormachen würden, was sie vom Kind erwarten. Sogar kleine Pflichten, wie z.B. das

Schuheputzen, können Spaß machen, wenn der Erwachsene selbst vergnügt bei der Sache ist.

«Ich freu' mich schon ...!»

Der Erzieher wirkt auch durch seine Gemütsstimmungen und durch seine Einstellung zu den verschiedenen Gegebenheiten des Lebens auf die Kinder. Es ist enttäuschend für sie, wenn er z.B. Freudlosigkeit äußert.

Annas Vater wird bald Geburtstag haben. «Freust du dich auch schon so?», fragt die Tochter, und sie hüpft dabei vergnügt auf den Zehenspitzen. «Wie oft mußt du noch schlafen?», forscht sie weiter. «Ach», wehrt der Vater ab, «weißt du, wenn man älter ist, dann ist der Geburtstag nicht mehr so wichtig.»

Wenn die Mutter oder der Vater nicht begeisterungsfähig sind, färbt das mit der Zeit auf die Kinder ab. Was wird ihnen unbedacht vorenthalten, wenn ihnen durch das Verhalten des Erziehers der Eindruck vermittelt wird, daß alles, was ihnen zugute kommt, selbstverständlich ist. Wer nicht erleben darf, was Vorfreude, sehnsüchtiges Erwarten oder Geheimnisse bedeuten, der wird um die schönsten Augenblicke des Kindseins gebracht. «Vorfreude ist die schönste Freude», heißt es im Volksmund, und nach Goethe («Wilhelm Meisters Wanderjahre») «hat das Geheimnis sehr große Vorteile: Denn wenn man dem Menschen gleich und immer sagt, worauf alles ankommt, so denkt er, es sei nichts dahinter».

Ein vierjähriges Mädchen besuchte mit den Eltern über die Ostertage eine andere Familie. Am Abend vor dem Ostersonntag hatten sich die Gastgeber vorgenommen, noch einige Überraschungen vorzubereiten. Sie wollten warten, bis auch das Mädchen im Bett war, deren Mutter aber meinte, daß man ruhig schon anfangen könnte, denn die Tochter würde «an den Schmarrn mit dem Osterhasen» sowieso nicht mehr glauben. – Kein Geheimnis? – Wie sehr sich das Mädchen danach sehnte, das konnten die Eltern am nächsten Morgen erleben, als es, ebenso wie die anderen Kinder, ein Nestchen mit bunten Eiern fand. Welche Freude war das! «Die Eier sind aber vom echten Osterhasen», sagte es, und da war es ganz sicher.

«Ich will nicht …!»

Nach dem dritten Lebensjahr versucht das Kind zunehmend, seine eigene Individualität auszuleben. Es hat ein unbewußtes Bedürfnis, den Erzieher auf die Probe zu stellen. Es versucht, zu erfahren, wie weit es gehen kann und wo die Grenzen sind. Mehr oder weniger vehement äußert es dabei seinen Willen oder Unwillen. Mit der sogenannten «Trotzphase» beginnt ein erstes Absetzen vom Elternhaus.
Wenn der Erzieher sich durch die Einfälle eines Kindes nicht verwirren lassen will und doch das tut, was er für richtig hält, nimmt das Kind sein Vorbild ohne weiteres an.
Die Mutter will mit ihrem Sohn spazieren gehen: «Mag' ich nicht!», ist die Antwort. «Du kannst gerne hier bleiben», meint die Mutter. Sie zieht sich schon ihre Schuhe an. Als sie den Mantel holt und der Sohn merkt, daß die Ankündigung ernst gemeint war, da will er doch mitkommen. Ganz schnell zieht er sich an: «Wartest du noch?», fragt er. Er geht nun sehr gerne mit.
Nicht immer sieht sich der Erwachsene in der Lage, selbst ein Vorbild zu geben, wenn er etwas veranlassen möchte. Wie oft gibt es «Theater», weil ein Kind z.B. nicht Zähneputzen, Händewaschen oder sich anziehen will. Eine einfache kleine Puppe kann da ein unübertroffener Helfer sein, besonders, wenn sie nicht zu den Spielsachen gehört, welche das Kind selbst gebraucht. Mütter und Väter können immer wieder die Erfahrung machen, daß sich mittels einer Figur auf dem Finger vieles spielend und ohne Aufwand erreichen läßt.
Obwohl die Puppe nur durch die Bewegungen und durch die Sprache des Erziehers belebt werden kann, reagieren die Kinder doch ganz anders, als wenn er direkt zu ihnen spricht. Sie schauen nur auf die Figur und antworten auch nur mit dem Blick auf sie. Die Puppe wirkt schon dadurch, daß sie so klein ist, faszinierend.
Für Jonas ist es Zeit, ins Bett zu gehen. Er macht keine Anstalten dazu. Ständig fällt ihm etwas ein, um die Schlafenszeit hinauszuzögern. Jeden Abend ist es das gleiche Spiel. Einmal setzt sich die Mutter eine Figur, den Fridolin, auf ihren Finger. Sie ist selbst erstaunt, wie sich Jonas nun verhält. Fridolin spaziert ganz fröhlich zu ihm hin. Er fragt dies und das. Dabei muß er immer wieder gähnen. Ach, wie ist er müde! Er würde sich

am liebsten hinlegen und schlafen. Wenn er doch nur ein Bett hätte. Der Bub will ihm eine kleine Schlafstelle bereiten. Er macht es ganz liebevoll. Wie gerne sich Fridolin da hineinkuschelt. Ob Jonas auch bald kommt, will er wissen. – O ja, heute ist er so geschwind fertig wie noch nie – und ohne Mahnungen. – «Der Fridolin ist lieb», meint Jonas, als die Mutter ihm gute Nacht sagt. «Kommt er morgen wieder?», will er wissen.

2
Vom Spielen

Das kindliche Spiel

Das kleine Kind ist erfüllt von einem Spieltrieb, der sich überall da ausleben will, wo es sich gerade aufhält. Es erfindet, untersucht, verwandelt und erprobt. Es hat Freude dabei, die Welt ringsherum zu erfahren und kennenzulernen. Kinder spielen phantasievoll und schöpferisch, wenn die Erwachsenen sie darin unterstützen und wenn durch die Auswahl des Spielmaterials ihre Erfindungsgabe herausgefordert wird. Das Vorbereiten, Herbeiholen und das Aufbauen der verschiedenen Gegenstände ist das Wichtigste beim Spiel. Die Kinder wollen da tätig sein, wo der Erzieher es auch ist. Im Spiel wird nachgeahmt und verarbeitet, was sie in ihrer Umgebung erleben. Es sind nicht nur die guten Vorbilder, die anregend wirken.

Kinder beziehen sich selbst gerne in ihre Spiele mit ein. Sie verkleiden, verstecken oder verwandeln sich. Menschen werden nachgeahmt und Tiere, aber auch Maschinen und Fahrzeuge. Ein Kind kann z.B. ein Auto sein, das brummt und hupt, dann wieder ein Bagger, der seine Hände als Greifer benutzt. Zum Spielen gehört nicht nur das Gestalten, sondern manchmal auch das Zerstören. Kinder können einen Riesenspaß daran haben, wenn sie das, was sie aufgebaut haben, zusammenkrachen lassen.

Einfälle für Spiele tauchen beim kleinen Kind ganz spontan auf. Sie werden nicht, wie beim Erwachsenen, erst erwogen und bedacht, sondern gleich in die Tat umgesetzt, in ein augenblickliches «ich will!». Das muß aber nicht bedeuten, daß man über alles hinwegsieht, was ihm gerade einfällt. Das Kind braucht Grenzen, und im Grunde sucht es sie auch.

Es ist nicht ratsam, ein Kind grundlos aus seinem Spiel herauszureißen. Wenn es durch Bemerkungen oder Eingriffe des Erziehers immer wieder aufgescheucht wird, hat es keine Gelegenheit, sich richtig mit seiner Tätigkeit zu verbinden. Es kann irgendwann die Lust verlieren, selbständig etwas anzufangen.

«Wo bin ich?»

Häuser bauen, sich einhüllen oder verstecken sind Lieblingsspiele der Kinder, bis in das Schulalter hinein. Im Schrank, unter dem Tisch, in einer Nische oder eingedreht in einen Teppich oder einen langen Vorhang rufen sie: «Wo bin ich?» – «Such' mich!» Es bereitet ihnen Vergnügen, darauf zu warten, wie die Erwachsenen reagieren. Richtig Spaß macht dieses Spiel natürlich erst, wenn diese nun auch mitmachen und wenn sie – ein bißchen umständlich – erst hier, dann da und dort herumsuchen, bis sie die Kinder finden.
Julchen (3 1/2 J.) liegt auf dem Boden. Sie hat mehrere Spieltücher über sich gebreitet. Bald schauen nur noch die Füße hervor und auch die Haare. Sie kann kaum stillhalten vor Vergnügen, als sie ruft: «Wo bin ich?». Jetzt blinzelt sie ein wenig hervor. Wie sie sich freut, daß sie nicht entdeckt wird! Endlich hält sie es nicht mehr aus: «Da bin ich!», ruft sie, und sie strahlt.
Katrin (5 J.) ist bei den Großeltern zu Besuch. Kurz bevor der Großvater sich auch zum Tisch setzt, hat sie schon auf seinem Sessel Platz genommen. – Was wird er sagen? Da kommt er. – Oh weh, hat er sie überhaupt nicht bemerkt? Schon läßt er sich nieder – aber nur ein wenig. Er wundert sich: «Ja was ist denn heute mit meinem Sessel los? Der ist ja so weich!» Er guckt sich um. Katrin quietscht vor Vergnügen. Sie freut sich, daß der Großvater auf ihr Spiel eingegangen ist.

«Wo bist du?»

Wenn das kleine Kind merkt, daß der Erwachsene keine Zeit hat, sich ihm zu widmen, zeigt es meist wenig Verständnis dafür. Alles Erdenkliche fällt ihm nun ein, um auf sich aufmerksam zu machen.
Es ist jedoch im Alltag kaum möglich, daß der Erzieher ständig Zuwendung zeigt, und es muß auch nicht sein. Vorschulkindern schadet es nicht, die Erfahrung zu machen, daß sie nicht immer und überall Mittelpunkt sein können.

«Jetzt läßt du mich, und nachher habe ich wieder für dich Zeit», sagte die Mutter zur kleinen Julia, wenn sie dieses oder jenes ungestört erledigen wollte. Aber so einfach war das für die Tochter nicht zu verstehen. «Ich komme in fünf Minuten», sagte die Mutter einmal und machte die Türe zu, um ein wichtiges Telefongespräch zu führen. Judith zählte bis fünf, dann kam sie herein und sagte: «Jetzt sind fünf Minuten vorbei, jetzt kannst du wieder kommen.» Verschiedenes hatte sich die Mutter schon einfallen lassen. Wenn sie versuchte, mit anderen Zeitbegriffen zu vertrösten, fragte die Tochter dauernd, ob jetzt schon «gleich» oder «bald» wäre. Eines Tages kam sie darauf, dem Kind die große Sanduhr zu geben, wenn sie einmal Ruhe brauchte. Damit hatte sie offensichtlich einen guten Griff getan, denn das Mädchen fand großes Vergnügen daran, zuzusehen, wie der feine Sand in seinem Gehäuse unablässig von oben nach unten rieselte und wie sich nach dem Umdrehen das gleiche Spiel wiederholte. Die Sanduhr nur anzuschauen, das war Julia nicht genug. Sie wurde bald in die verschiedensten Spielsituationen eingebaut. Wenn die Mutter dann kam, war es oft gar nicht mehr so dringlich, ob sie nun Zeit hatte oder nicht.

«Ich will auch ...»

Spielimpulse entfalten sich aus dem Erfahrungsbereich der Kinder. Sie wollen sich an den Arbeiten, die der Erwachsene in ihrer Umgebung verrichtet, beteiligen, oder sie ahmen im Spiel nach, was sie sehen. Auch in den modernen Haushalten gibt es viel Anregendes für die Kinder. Es ist keineswegs so, daß die Technik, die sie ringsum erleben, ihren Spieltrieb beinträchtigen muß. Immer noch muß vieles mit der Hand vorbereitet werden. Warum sollte ein Kind im Vorschulalter nicht mithelfen, z.B. Geschirr in die Spülmaschine zu räumen oder Wäsche in die Waschmaschine zu füllen, sie wieder herauszunehmen und auch etwas davon aufzuhängen? Die Kinder möchten da tätig sein, wo der Erwachsene es auch ist. Von gefährlichen Geräten müssen sie selbstverständlich fernbleiben, aber auch dann haben sie eigene Ideen, etwas nachzutun.
Martin (4 J.) sieht zu, wie sein Vater mit einem Schlagbohrer Löcher in die Wand bohrt. Nach einer Weile holt er sich ein Stöckchen aus seinem

Spielzeugkorb: «Ich muß auch bohren!», sagt er. «Drrr – drrr – drrr», bei ihm geht das ganz schnell. «Schau mal, wie viele Löcher ich schon habe!» Der Bub ist mit Hingabe bei seiner imaginären Tätigkeit.
Jonas (5 1/2 J.) ist gerne da, wo die Mutter auch ist. Einmal, als sie bügelt, meint er: «So, jetzt könnt' ich eigentlich auch bügeln, weil heut' hab' ich nicht so viel zu tun.» Er holt sich eine gelochte Holzscheibe von seinen Spielsachen und steckt zwei Stäbe hinein. «Das ist der Griff», sagt er, «und das ist der Kamin, da kommt Dampf 'raus.» Als alles vorbereitet ist, «bügelt» er sehr flink einige Wäschestücke. Er ist ganz glücklich, daß die Mutter seine Mithilfe auch zu würdigen weiß.

Gegen Ende des Vorschulalters hat die Freude an der Nachahmung nicht nachgelassen, aber die Kinder wollen nun zunehmend auch ausprobieren, wie man dieses oder jenes «in echt» macht. Sie möchten z.B. einen richtigen Teig kneten oder auch selbst ein einfaches kleines Werkstück anfertigen. Da sie aber noch nicht abschätzen können, wie mühevoll manche Arbeit ist, die sie sich vorgenommen haben, sind sie meistens sehr dankbar, wenn der Erwachsene sie ein wenig unterstützt, damit Angefangenes auch zu Ende geführt werden kann.

«Bau'n wir uns ein Auto?»

Die Kinder wollen das, was sie beeindruckt, gerne nachspielen. Die moderne Umwelt nimmt Einfluß auf ihre Spielthemen. Vorgegebene Bauteile sind zu perfekt. Sie lassen der Phantasie wenig Raum. Je einfacher das Material ist, um so mehr wird die Kreativität der Kinder rege.

Philipp und Julian waren mit dem Vater im Museum. Dort haben sie eine Rakete gesehen. Jetzt wollen sie auch eine haben. «Eine richtige zum Drinnensitzen» soll es sein. Polster und Stühle werden zusammengeschoben. Als schon alles fertig ist, kommt Philipp zur Mutter und sagt: «Wir brauchen noch einen Riesen zum Mitfahren!». Die Mutter knotet die gewünschte Figur aus einem Spieltuch – so wie sie sie manchmal für ein Puppenspiel knüpft (s.a. Kap. 7). Endlich ist es soweit! Es kann losgehen. Mit Gebrumm hebt die Rakete ab. «Deeeng!», gleich ist sie kaputt. Julian holt ein Holzstöckchen. Das ist sein «Schweißgerät». Unter lautem Zischen flickt er damit die schadhaften Stellen. Die Rakete fliegt jetzt nicht mehr weiter. «Das sollte jetzt unser Haus sein», wird beschlossen. Die Buben breiten Spieltücher über ihr Bauwerk und setzen sich hinein.

Ein anderes Mal bauen sich die beiden ein U-Boot. Es soll aus Holzklötzen entstehen. Das ist eine schwierige Arbeit, denn es muß ganz eng sein im U-Boot, so hat es der Onkel erzählt. Jedes Mal, wenn einer einsteigen will, stürzt etwas um. Schließlich wird das U-Boot doch ein bißchen vergrößert.

«Bau'n wir uns ein Auto?», schlägt Johannes (5 J.) vor. Der kleine Tisch wird umgedreht. Florian, sein Freund, und er steigen ein. «Drn-drn, drn-

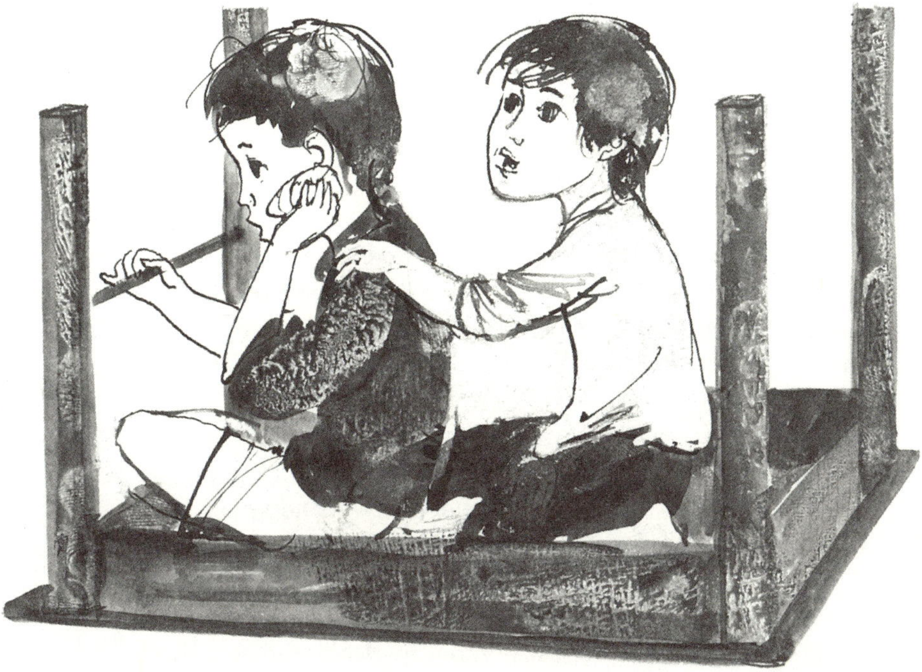

drrn, drrr» – los geht die Reise. «Das sollte kein normales Auto sein», schlägt Florian vor, «wir spielen lieber, daß es ein Tita-Wagen ist.» – «Tati-tata, tati-tata». Die beiden haben einen Riesenspaß dabei, mit Hilfe ihrer Fersen vorwärts zu rutschen. – «Halt, warte, ich brauch' noch was», fällt es Johannes ein. Er holt sich einen Stock und eine Muschel. «Das ist mein Sprechfunkgerät», sagt er. Er hält sich die Muschel ans Ohr und spricht in den Stock hinein. Die Fahrt kann weitergehen.

«Mein Kind kann nicht spielen»

Was macht man, wenn Kinder nicht spielen können? – Vor diese Frage sehen sich viele Eltern gestellt. Es gibt Kinder im Vorschulalter, die durchaus nicht von Schaffensdrang erfüllt sind. Sie sitzen herum und wissen einfach nichts mit sich anzufangen. Manchmal fragen sie den Erwachsenen: «Was soll ich denn jetzt machen?» Wenn er nun Ratschläge gibt, werden diese gar nicht oder höchstens lustlos angenommen und dann auch bald wieder fallen gelassen. Und wieder die Frage: Was macht man, wenn Kinder nicht spielen können? – Ob es am Spielzeug liegt? Es scheint naheliegend, findet aber in der Praxis keine Bestätigung. Häufig erlebt man, daß Kinder, denen sogenanntes «gutes Spielzeug» zur Verfügung steht, genauso Spielunlust zeigen können wie andere, die das nicht haben.

Spielfreude entsteht nicht durch das Material alleine. Sie muß geweckt und gepflegt werden. Die wirksamste Unterstützung ist das Vorbild des Erwachsenen. Wenn er auch einmal spielt und selbst Freude daran hat, etwas aufzubauen oder sich mit den Spielfiguren zu beschäftigen, dann wird er kaum warten müssen, bis sich die Nachahmungsfreude regt.

Für eine beliebte «Arbeit», bei der man so richtig «warm werden» kann, genügen einfachste Mittel. Wenn die Kinder z.B. erleben, wie gut sich auf kleinen Reibeisen (Muskatreiben) Kastanien, Eicheln oder Baumrinde reiben lassen, dann wollen sie das meistens auch selbst ausprobieren. Das geriebene Mehl kann zu weiteren Spielen verwendet werden. Es läßt sich in Tütchen füllen, die man aus Papier faltet, man kann eine kleine Mahlzeit für die Puppen daraus bereiten oder es im Kaufladen verkaufen. (Kinder im Vorschulalter sind in der Lage, das Spielmehl vom echten Mehl zu unterscheiden. Es besteht keine Sorge, daß sie es in den Mund stecken. Sicherheitshalber können sie noch einmal darauf aufmerksam gemacht werden, daß Eicheln, Kastanien oder Rinde für die Tiere im Wald gut sind, nicht aber für den Menschen.)

Über die persönliche Zuwendung hinaus stellt sich die Frage, ob ein Kind, das schwer in das eigene Spiel hineinfindet, auch im normalen Alltag Anregungen durch die Tätigkeiten des Erziehers erfährt. Erledigt er seine Arbeiten im Haushalt möglichst so, daß das Kind nicht daran teilnehmen darf («geh nur spielen, ich mach das schon»), oder versucht er, sie mit Eile hinter sich zu bringen, daß es gar keine Gelegenheit zur Nachahmung gibt?

«Geh'n wir spazieren?»

Kleine Kinder gehen gerne hinaus in die Natur und wenn es nur in die Anlagen ist. Sie wollen hüpfen, rennen, balancieren, klettern, schaukeln und spielen. Dabei macht ihnen das Wetter gar nichts aus. Im Gegenteil, Regen und Matsch, die von besorgten Eltern so gefürchtet sind, mögen sie besonders gerne. Da kann man so vergnüglich in den Pfützen herumstampfen, bis «Milchkaffee» entsteht. Mit einem Stöckchen oder mit dem Schuhabsatz lassen sich Wasserrinnsale in den Kies scharren usw. Es gibt immer irgendetwas auszuprobieren.

Die Kinder stört es nicht, bei Spaziergängen wiederholt den gleichen Weg zu gehen, sie freuen sich darüber, denn so können sie ihre Lieblingsstellen aufsuchen.

Tobias (6 J.) und Laura (4 J.) gehen so gerne zu den drei Baumstümpfen. Hier haben sie ein «Restaurant». Heute hat die Mutter Kaffee bestellt, der Vater wollte Bier. Der Kaffee, eine Eichel auf einem Blatt, wird gleich gebracht. Der Vater muß warten: «Das Bier dauert noch!». Ein anderes Mal sind die Geschwister mit Sophie, ihrer kleinen Freundin, dort. Es soll «Butterkartoffeln» geben. Hagebutten werden auf einem Blatt serviert. Sophie fragt: «Und wo ist meine Gabel?» «Ach ja, die hab' ich vergessen», sagt Tobias und holt Blattstengel als Gabeln.

Im Restaurant gibt es auch manchmal «Festessen». Dann wird der «Tisch», es ist einer der Baumstümpfe, liebevoll mit Blumen und kleinen Zweigen geschmückt.

Peter (5 J.) rennt an der gleichen Stelle immer ein Stückchen vor und versteckt sich hinter der alten Eiche. Jedes Mal freut er sich aufs neue, daß die Mutter sich tüchtig erschreckt, wenn er mit lautem Juhu plötzlich hervorkommt. Julian (4 J.) möchte am liebsten nur beim «Großen Stein» bleiben. Es ist ein bestimmter Felsbrocken im Stadtpark, ganz am Ende einer Buschreihe. Die kleine Höhlung in dem Stein beeindruckt den

Buben ganz besonders. Darin läßt sich so fein «kochen». Grasspitzen oder Blättchen werden mit einem Stöckchen hineingestochert und wieder herausgefischt, das macht besonders Spaß, wenn es geregnet hat, weil dann Wasser in der Vertiefung ist. Anna (4 1/2 J.) hat an einer ganz bestimmten Stelle im Park ihr «Petersiliengeschäft». Es befindet sich zwischen zwei sehr dicht stehenden Bäumen. Immer, wenn sie dort vorbeikommt, will sie etwas «verkaufen». Außer Petersilie hat sie noch Verschiedenes anzubieten. Da gibt es z.B. die Blütenstände der Haselnußstauden als Würstchen oder kleingezupftes Gras in Blätter gerollt als Teigtaschen.

Die kindliche Phantasie

Das Reich der Phantasie ist voller Wunder. Es ist unerschöpflich, es macht das Unmögliche möglich, und es ist jedem zugänglich. In diesem Reich sind die Märchen zu Hause, die Geschichten, die Träume und eine ungeheure Vorstellungskraft, die weit über die Realität hinausreicht. Phantasie beflügelt die Spiele der Kinder. Durch sie läßt sich das Werdende gestalten, und das Gegebene verwandeln. Bei Jean Paul heißt es in der «Knospe der Kindheit»: «Gebt dem Kind einen grünen Zweig, es wird mit seiner Phantasie Rosen daraus sprießen lassen! Gebt ihm ein Rosenblatt, und es wird auf dem Wasser ein Wunderschiffchen bewegen.»

«Spielst du mit?»

In jedem Kind ist Phantasie veranlagt. Ob sie die Möglichkeit hat, sich zu entfalten, hängt von seinen Erziehern ab, und davon, ob sie es verstehen, sich in das Wesen und die Äußerungen von Kindern hineinzuversetzen. Phantasiekräfte, die in den ersten Lebensjahren gepflegt werden, können auch im späteren Leben fruchtbar sein. Kleine Kinder wollen den Erwachsenen immer wieder in die Welt ihrer Bilder mitnehmen. Für sie ist es einfach beglückend, wenn er sich gelegentlich bei ihren Spielen beteiligt und sich nicht nur daneben stellt und das, was sie machen, nur als erheiternd oder auch als ärgerlich empfindet. Sie brauchen in der heutigen Zeit mehr als zuvor die Mutter, den Vater als Mitspieler, da durch die modernen Lebensverhältnisse ein beständiger Umgang mit Spielkameraden (z.B. aus der Nachbarschaft) nicht immer möglich ist.
Jakob (4 J.) geht mit seinem Vater im Wald spazieren. Draußen liegt reichlich Schnee. Die beiden kommen an einer Futterkrippe vorbei. Es ist Heu darin, und auch einen Salzstein gibt es dort. Der Vater erzählt gerade von den Hirschen und Rehen, die vom Förster hier versorgt werden, da hebt der Bub schon einen abgebrochenen Ast vom Boden auf und ruft: «Jetzt bin ich auch ein Hirsch!«. Er hüpft ganz nah zur Futterkrippe und «labt» sich. Gleich hat er Gesellschaft. Ein Rehbock springt herzu – der

Vater hat sich eine Zweiggabel als Gehörn aufgesetzt. Nun hüpft er zusammen mit dem Hirschen noch eine Weile durch den Wald. Die beiden sind sehr vergnügt dabei.
Am Dreikönigstag wollen Johannes (6 J.) und Sabine (5 J.) ein Dreikönigsspiel aufführen. Sie setzen sich Kronen aus Goldpapier auf und wollen sich mit Spieltüchern verkleiden. «Ich bin der Balthasar», bestimmt Johannes, die Schwester will der Kaspar sein. «Aber wir brauchen ja noch jemanden! Es gibt doch drei Könige», fällt es den Kindern ein. Sie überlegen. Dann nimmt Sabine ein grünes Tuch und bringt es zum Vater «Spielst du mit?», fragt sie. Die beiden strahlen, als er zusagt. Das Spiel ist gerettet.

«Da ist ein Wolf!»

Kinder haben oft Empfindungen von Furcht und Unbehagen, die sie dann in Bildern ausdrücken. Wenn sie Vertrauen spüren und sicher sein können, daß sie nicht ausgelacht werden, können sie sich ganz offen dem Erwachsenen zuwenden.
Barbara war schon im Bett. «Papa! Papa!», ruft sie auf einmal. Nun tapst sie durch die Wohnung, «ich kann nicht schlafen, bei mir ist ein Wolf unterm Bett.» «Ein Wolf?», fragt der Vater. «Na warte, den werden wir gleich hinausscheuchen!» Mit großer Bestimmtheit holt der den langen Besen und fährt damit tüchtig unter das Bett der Tochter. «Ha, da ist er!», ruft er und scheucht das Ungeheuer aus dem Zimmer, durch den Flur hindurch bis zur Wohnungstüre und hinaus. Barbara hat diese Aktion mit Spannung verfolgt. Jetzt ist sie sichtlich erleichtert.
Kann man die Kinder in das Reich der Phantasie begleiten, auch dann, wenn man vielleicht der Ansicht ist, daß manches, was sie sagen, nur als Vorwand dienen könnte?
Die Mutter sagt zu Marion (4 1/2 J.): «Geh' mal bitte ins Wohnzimmer und bring mir die Zeitung.» Die Tochter macht sich auf den Weg. Sie kommt ohne Zeitung zurück und sagt: «Da kann ich nicht 'reingehen, da ist ein Löwe drin!» Die Mutter nähert sich vorsichtig, doch ganz mutig dem Wohnzimmer. Mit einem Ruck reißt sie die Türe auf und jagt den Löwen hinaus. Marion jauchzt vor Vergnügen. Für ein Kind ist es einfach herrlich, wenn der Erwachsene nicht nur mit seinem Verstand reagiert, sondern mitspielt.

«Wo ist mein liebes Männlein?»

Immer wieder kann man erleben, wie Kinder von unsichtbaren Gestalten erzählen. Manche tauchen nur einmal, in einem Phantasiebild auf, andere hingegen sind Begleiter über Wochen, Monate und manchmal auch Jahre. Kann sich der Erwachsene wirklich sicher sein, daß das, was die Kinder erzählen, unwahr ist? Muß er überlegen reagieren, oder kann er zumindest die Möglichkeit offen lassen, daß das Kind eine andere Wahrnehmungswelt hat als er selbst? Kinder, die spüren, daß sie von den Erwachsenen wohlwollend begleitet werden, haben keine Scheu, mit ihnen über ihre unsichtbaren Gefährten zu sprechen, so, als wären es ganz normale Spielkameraden.

Markus hat seine Phantasiegestalten fast drei Jahre lang behalten. Mit Beginn der Schulzeit wurden sie seltener, und allmählich verschwanden sie ganz. Es waren der Kizikol, der Kopf-Kopf und der Reber. Die wohnten in Opfelbopf. Ihr Haus wurde manchmal auch gemalt und ausgeschnitten. Diese Gefährten kamen oft zu Besuch. Mal nur dieser oder jener, dann wieder alle zusammen. In Opfelbopf wurde natürlich eine besondere Sprache gesprochen. «Holöte» sagte Markus, das heißt in Opfelbopf Flöte. Später, als Johanna, seine Schwester, vier Jahre alt war, hatte sie auch einen unsichtbaren Gefährten, den Onnemanne. Von ihm sprach sie nur, wenn sie mit dem Bruder zusammen war. Einmal, als dieser mit ihr «Schiff» spielen wollte und sie keine Lust dazu hatte, sagte sie: «Der Onnemanne hat mir gesagt, daß wir jetzt nicht Schiff fahren können, weil's gerade gerichtet wird.»

Anna (5 J.) ist heute irgendwie unleidlich. Als die Mutter fragt: «Wo ist denn deine gute Laune geblieben?», antwortet die Tochter: «Ach, ich muß nur mein liebes Männlein holen!» Seit einiger Zeit spricht sie von diesem Männlein. Es ist fast immer in ihrer Nähe. Manchmal, wenn sie schon im Bett liegt, muß sie noch aufstehen, um es zu suchen. Einmal, als sie neben der Mutter auf einem Stühlchen sitzt und mit einem Fuß schaukelt, sagt sie: «Da sitzt mein liebes Männlein auf dem Fuß und freut sich.»

3
Spielmaterial

Spielmaterial ist für die kleinen Kinder alles, was sie in die Hände nehmen können. Es ist üblich, daß sie neben den Gegenständen, die sie sich aus ihrer Umgebung zum Spielen holen, auch Spielzeug bekommen. Was aber brauchen sie zum Spielen? Was soll man ihnen kaufen? So fragen viele Eltern, die durch das von Jahr zu Jahr größer werdende Spielzeugangebot verunsichert sind. Oft nimmt man die Kinder mit in die Spielwarengeschäfte und läßt sie etwas aussuchen. Sie sind jedoch überfordert, wenn man sie fragt, ob sie dieses oder jenes haben wollen. Das kleine Kind lebt ganz im Augenblick. Es kann noch nicht übersehen, ob es ein Spielzeug, das es gerade interessant findet, morgen auch noch mag.

«Weniger ist mehr»

Es liegt in der Verantwortung des Erwachsenen, Spielmaterial zu wählen, das dem Wesen des Vorschulkindes gerecht wird und das seiner Freude, aus eigenem Antrieb heraus nachahmend tätig zu sein, entgegenkommt. Weder didaktisches Spielzeug noch Beschäftigungsspiele können diesen Anspruch erfüllen, sie sind nicht flexibel genug, und sie spornen die Phantasiekräfte zu wenig an. In einer zunehmend technisierten Welt ist es wichtig, daß die Kinder möglichst oft Gelegenheit haben, mit Dingen umzugehen, die durchschaubar sind. Naturmaterialien mit ihren lebendigen äußeren Formen sowie auch einfaches Spielzeug gehören dazu.

Das Sprichwort «weniger ist mehr» hat hier seine volle Bedeutung. Je weniger den Kindern zur Verfügung steht, um so mehr kommt ihr Spieltrieb in Bewegung. Sie brauchen jedoch auch die Unterstützung des Erziehers, seine Anregungen und seine Zuwendung. Fehlt dieser Rückhalt, dann ist solches Spielzeug in der heutigen Zeit wenig wert. Zu verlokkend sind viele andere Dinge in der Umgebung der Kinder, selbst wenn sie keinen Zugang zu Kassetten und Fernsehen haben.

Naturmaterial

Man kann es bei Ausflügen und Spaziergängen finden. Die Kinder helfen sehr gerne beim Sammeln. Kastanien, Eicheln, getrocknete Hagebutten, Baumpilze, Bucheckermützchen, Ahornnasen, kleine runde Steinchen, leere Schneckenhäuschen, Muscheln, Federn, Zapfen, knorrige Wurzeln, Rinden und Holzstöckchen, Aststücke und Mooskissen.

Leicht bearbeitetes Naturmaterial

Zum Spielen eignen sich Aststücke in verschiedenen Stärken und Längen, verzweigte Wurzelenden von Nadelbäumen, Schalenhälften von Wal- und Kokosnüssen.
Hölzer kann man von Spaziergängen mitbringen. Am Ende der Winterzeit, wenn die Bäume in den Parks ausgelichtet werden, findet man unter den abgeschlagenen Ästen oft brauchbare Holzstücke. Für Kinder ist es ein kleines Abenteuer, wenn der Erwachsene einmal eine kleine Säge zum Ausflug mitnimmt und von dem Bruchholz, das in Wäldern meist

reichlich zu finden ist, etwas absägt. Trifft man auf entwurzelte Nadelbäume, dann kann man einige Enden ihres reich verzweigten Wurzelreiches gut gebrauchen. Sie lassen sich in kleine Spielbäume verwandeln. Man befestigt sie auf einer Holzscheibe, damit sie standfest sind. Gesägte oder gespaltene Holzstücke können zu Hause noch in Ruhe bearbeitet werden. Es ist spannend für die Kinder, wenn sie auch selbst ausprobieren dürfen, daß die rauhen Holzteile ganz glatt werden, wenn man sie mit Sandpapier schleift.

Weiteres Spielmaterial

Verschiedene einfache Gegenstände können das kreative Spiel der Kinder begleiten: ungesponnene Schafwolle, Märchenwolle, Spieltücher, Holzständer, Stehpuppen, einfache Tiere, Brettchen, eventuell auch Schälchen aus Holz und kleine Reibeisen.

Ungesponnene Schafwolle

Das weiche Vlies der ungesponnenen, naturfarbenen Schafwolle kann die verschiedensten Spiele der Kinder bereichern. Sie greifen dieses leicht fettige Material gerne an. Manchmal graben sie ihre Nasen hinein, um den guten Duft zu atmen. Aus ungesponnener Schafwolle lassen sich mit wenigen Handgriffen Schneeflocken, kleine Tiere oder Figuren zaubern.

Märchenwolle

Märchenwolle ist ungesponnene Schafwolle, die entfettet und mit Pflanzenfarben gefärbt ist. Sie ist wesentlich teurer als das gewöhnliche Wollvlies und wird daher eher für besondere Zwecke, z.B. zur Gestaltung von Wandbildern, verwendet. Wolken, Sonnenstrahlen, Figuren und andere Dinge, die man aus Märchenwolle zurechtzupft, haften gut auf einem Unterstoff aus Rupfen oder Filz.

Spieltücher

Farbige Spieltücher brauchen die Kinder für die verschiedensten Spiele. Sie verwenden sie zum Verkleiden, zum Verstecken, als Spielvorhänge, zum Bauen von Häuschen oder Tunnels. Es lassen sich mit ihnen Puppenspielbühnen aufbauen, Spiellandschaften gestalten und Figuren knüpfen. Spieltücher gibt es fertig gesäumt zu kaufen (vgl. Bezugsquellen im Anhang). Sie könnten auch selbst genäht werden: Man wählt weiche Naturfaserstoffe aus Baumwolle oder Seide, etwa in der Größe 80 / 150 cm. Sie werden nur an den schmalen Schnittseiten gesäumt. Am schönsten fallen die Tücher, wenn sie mit der Hand einrolliert wurden.

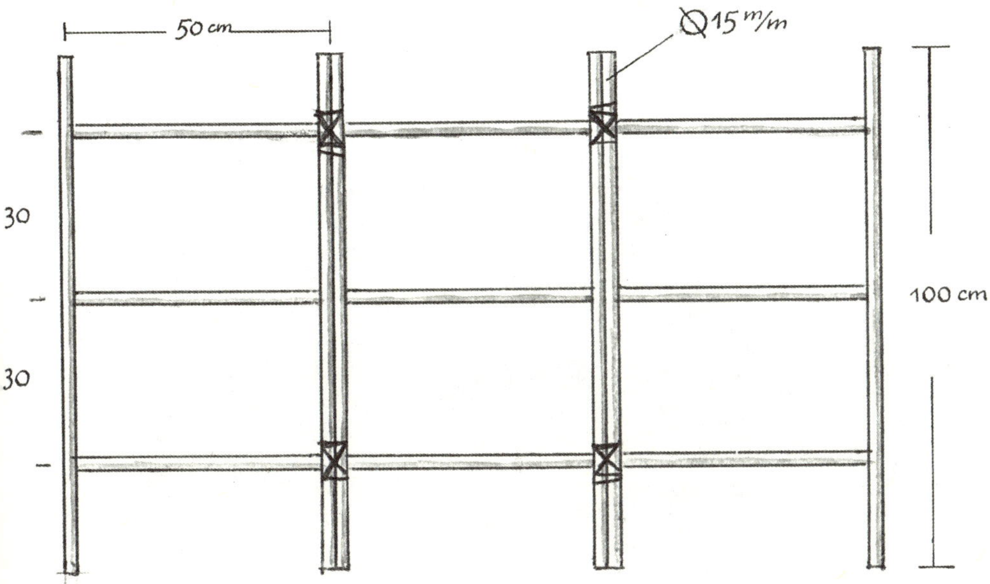

Ständer

Als Ergänzung zu den Spieltüchern können die Kinder sogenannte Ständer gut gebrauchen. Sie werden immer abgewinkelt aufgestellt und können als Spielbühne, Häuschen oder Puppenwohnung dienen. Legt man Bretter auf die Querstreben, so hat man z.B. einen Kaufladen. Aus Holzstäben (ø 50 mm und ø 15 mm) lassen sie sich ohne große Mühe auch selbst herstellen. Die senkrechten Doppelstäbe werden durch Lederbänder verbunden. Die waagerechten Querstreben werden in vorgebohrten Löchern in die senkrechten Stäbe eingeleimt.

Zwerge

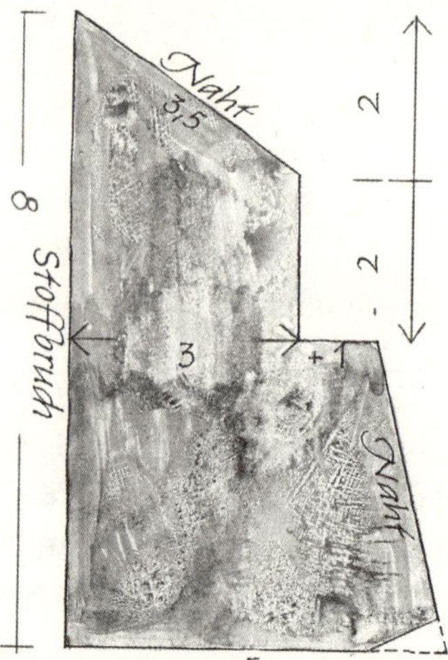

In vielen Geschichten, in Märchen und in Reimen wird von Zwergen erzählt. Kleine Kinder hören so gerne von ihnen. Sie freuen sich über Spielzwerge, die mit farbigem Filzstoff und etwas naturfarbener Märchenwolle gefertigt sind. Für Ungeübte empfiehlt es sich, zunächst aus Papier einen Schnitt vorzubereiten. Der aus Filzstoff zugeschnittene Zwerg wird an den bezeichneten Stellen zusammengenäht. Ein kleiner runder Kopf entsteht, wenn man nun etwas

ungesponnene Schafwolle über den Zeigefinger legt und ein wenig durch die Kopföffnung drückt. Haare und Bart werden ringsherum festgenäht. Der Körper wird ebenfalls mit Wolle ausgefüllt.

Stehpuppen

Stehpuppen sind einfache Spielfiguren, die vorzugsweise nur für Puppenspiele verwendet werden. Sie lassen sich aus naturfarbenem Wollvlies fertigen. Für den Körper wird das Wollvlies zu einer etwa fingerhohen Lage ausgebreitet. Man legt einen Eßteller darauf und schneidet ringsherum ein kreisrundes Stück aus. Aus etwas ungesponnener Schafwolle formt man eine feste Kugel (etwa Tischtennisballgröße). Das vorbereitete Wollvlies wird mittig darübergelegt und straff über die Kugel gespannt. Es entsteht der Kopf. Er kann mit einem Faden abgebunden werden. Materialgerecht und schöner ist es jedoch, wenn man einige Fäden aus der Schafwolle herauszieht und diese zum Abbinden verwendet. Der Körper wird zu einem möglichst festen Kegel eingenommen und ebenfalls mit feinen, herausgezogenen Wollfäden in Form gehalten. Wenn man für die Puppen auch Arme wünscht, schneidet man Hemden, Jacken, Kleider mit angeschnittenen Ärmeln zu und stopft sie mit etwas ungesponnener Schafwolle aus. Die Kleidung kann mit einfachen Stichen gefertigt werden. Sie wird am Körper festgenäht. Aus farbiger Märchenwolle entstehen die Haare für den Kopf. Sie werden ebenfalls angenäht (weitere Anleitungen vgl. Literatur im Anhang).

Wenn die Stehpuppen in Gegenwart der Kinder gefertigt werden, gibt ihnen das Anregungen, selbst tätig zu werden. Wenn sie dabei das Innenleben dieser nicht sehr robusten Spielfiguren kennenlernen, gehen sie auch von selbst behutsam damit um und kommen nicht auf die Idee, die Puppe auseinanderzunehmen.

Tiere

Einfache kleine Tiere, die möglichst auch im Größenverhältnis in etwa zu den Stehpuppen passen, findet man z.B. aus Holz gefertigt in vielen guten Spielwarengeschäften. Mit etwas Geschick lassen sich aus ungesponnener Schafwolle die verschiedensten Tierformen nachbilden. Für Stricktiere braucht man eigene Anleitungen (vgl. Literatur im Anhang).

Neben den bezeichneten Spielmaterialien gibt es natürlich noch viele klassische Spielzeuge, die alle Kinder gerne haben. Dazu gehören Ball, Springseil, verschiedenes Sandspielzeug, Bollerwagen, Kugelbahn, Schaukelpferd, Puppenwagen und natürlich auch die Puppe.

Puppen

Ein besonderes Spielzeug für alle kleinen Kinder ist die Puppe bzw. das, was sie als solche ansehen. Die Puppe erfüllt ein tiefes Bedürfnis vieler Mädchen und Buben: ein kleines Geschöpf um sich zu haben, das immer verfügbar ist, das sie versteht, das sie lieb haben, an sich drücken oder auch mal von sich stoßen können – was bei den besten Puppenmüttern und -vätern vorkommt.
Eine Puppe, das muß nicht eine Figur im netten Kleidchen mit hübscher Frisur sein. Im Gegenteil, das Kind braucht vielmehr ein schlichtes Geschöpf, das erst durch seine Phantasie belebt wird. Eine einfache Puppe läßt sich aus einem quadratischen Stückchen Stoff knoten.

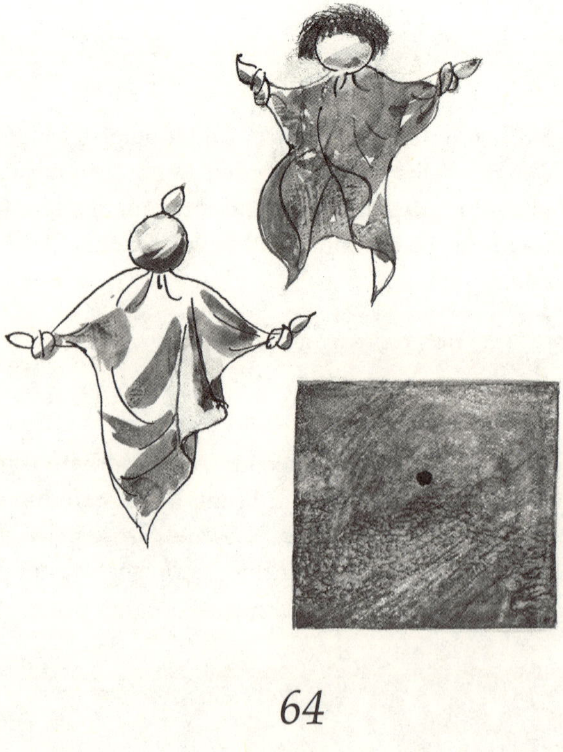

Gliederpuppen aus Stoff, mit Schafwolle ausgefüllt, wie sie Vorschulkindern gerne gegeben werden, haben einen gut beweglichen, robusten Körper und ein Gesicht, in dem Augen, Mund und Nase nur leicht angedeutet sind, so daß sie ohne weiteres «weinen», «lachen» oder «schlafen» und so weiter können.
Das kleine Kind empfindet die Puppe als etwas Lebendiges und sehr Persönliches. Es ist wichtig, daß sie auch vom Erwachsenen mit Achtung behandelt wird, daß er sie nicht, wie es doch öfter vorkommt, mit dem Fuß fortstößt, wenn sie mal irgendwo auf dem Boden liegt. Es ist enttäuscht darüber, obwohl es gelegentlich selbst stiefmütterlich mit seinen Puppen umgehen kann.
In der Puppe hat sich für das Kind etwas «verpuppt», was Erwachsene

oft gar nicht ahnen. Für sie ist es manchmal unbegreiflich, welcher tiefe Schmerz für ein Kind darin liegen kann, wenn es eines Morgens seine geliebte Puppe nicht mehr vorfindet.

«Frau Benneke», so hieß die liebste Puppe von Sabine (5 J.). Sie war wohl schon ramponiert und hatte kaum noch Haare, doch das störte höchstens die Erwachsenen ringsum. Eines Tages war sie verschwunden. Nirgends war sie zu finden. Sie war einfach nicht mehr da. Das Kind war traurig. Es trug seinen Kummer lange Zeit mit sich herum. Auch die neue Puppe, die sie zum nächsten Geburtstag bekam, war kein Trost. Die Freude am «Puppen-Spielen» mochte sich seit diesem Erlebnis nie mehr so recht einstellen.

Wie innig sich Kinder mit ihren Puppen verbunden fühlen können, erfährt man gelegentlich durch ihre Äußerungen. Als Anna (4 J.) einmal von ihrer Mutter geschimpft wurde, wandte sie sich von ihr fort und sagte: «Dann hab' ich eben nur die Puppen lieb!»

«Martina-Baby»

Nicht immer wollen Kinder die Puppen annehmen, die ihnen wohlmeinend geschenkt werden. Als David (5 J.) ein Geschwisterchen bekam, hatten die Eltern im Sinn, ihm die Beziehung zu Martina, seiner Schwester zu erleichtern. Sie schenkten ihm eine Baby-Puppe und auch Windelchen zum Wechseln dazu. David mochte die Puppe nicht. Er würdigte sie kaum eines Blickes.

Einige Zeit später fand er auf dem Speicher eine Polsterrolle. Sie war fast so hoch wie er selbst. Er konnte sie mit den Armen gerade umfassen. Glücklich trug er sie vor sich her: «Das ist mein Martina-Baby!», verkündete er und ließ es fortan kaum noch aus den Augen. Das Martina-Baby war mindestens zwei Jahre lang das allerliebste Spielzeug von David. Es durfte bei ihm im Bett schlafen, wurde im Bollerwagen durch die Gegend gezogen, wurde krank, mußte zum Arzt, bekam Spritzen. Es machte ihm besonders viel Spaß, dafür mit einem kleinen Stecken tief in den weichen Schaumstoff hineinzupieksen. Das Martina-Baby wartete unten im Garten neben dem Sandkasten, wenn David dort spielte. Sogar auf die Ferienreise wurde es mitgenommen. Es hatte auch Geburtstag. Als es zwei Jahre alt wurde, genauso alt wie die Schwester, knetete ihm David zwei Kerzen aus Wachs, bereitete verschiedene Geschenke vor und packte sie in schönes Papier ein. Einmal, als David seine gleichaltrige Freundin besuchte, hatte er auch sein Martina-Baby dabei. Die Kinder hatten einen Riesenspaß damit, es wieder und wieder die Treppe herabzustürzen. Ein anderes Mal wollte Martin der Familie ein Weihnachtsspiel vorführen, dafür brauchte er einen Engel. Er band dem Martina-Baby ein Seidentuch um. Nun war es der «Engel Niederwärts».

«Du hast doch so schönes Spielzeug»

Kleine Kinder suchen die Zuwendung des Erwachsenen, und wenn es nur ein freundliches Zunicken ist.
Peter (4 1/2 J.) kam zur Mutter in die Küche. Er räumte den Unterschrank aus und verteilte alle Töpfe auf dem Boden. Er wollte auch «kochen». Nun holte er Kastanien aus dem Kinderzimmer. «Ach, jetzt brauch' ich noch 'was», fiel ihm ein. Einige Male hüpfte er hin und her und brachte Verschiedenes, um es in die Töpfe zu füllen. Er war sehr vergnügt dabei. Die Mutter hatte es eilig. Sie wollte mit ihrer Arbeit fertig werden. Es störte sie, daß der Bub solche Unordnung machte. «Geh' doch ins Kinderzimmer», schlug sie ein ums andere Mal vor, «du hast doch so viele schöne Spielsachen!» Der Bub reagierte nicht darauf. Endlich wurde es der Mutter zu bunt. Sie fing einfach an, seine Sachen wegzuräumen. Peter wurde zornig. Er begann zu stampfen und zu schreien. Nach einer Weile beruhigte er sich. Es fiel ihm etwas anderes ein. Er holte ein kleines Auto und ließ es gegen die nun geschlossene Küchentür sausen, wieder und wieder. «Ach bist du ein lästiger Kerl», schimpfte die Mutter nun, «kannst du nicht mal in Ruhe spielen?» – Hatte sie ihn nicht selbst aus einem friedlichen Spiel herausgerissen?

«Spielst du mit mir?»

Eltern, die ihren Kindern mit einfachem Spielzeug die Möglichkeit geben wollen, kreativ zu spielen, machen es sich nicht bequem. Es genügt nicht, ihnen Zapfen, Holzklötze, Spieltücher etc. zu geben. Sie müssen auch irgendwo erleben können, was man damit anfangen kann, wie sich z.B. eine Spiellandschaft aufbauen läßt oder wie aus Asthölzern, die keine geometrische Formen haben, die verschiedenartigsten Bauwerke errichtet werden können. Wenn weder bei Bekannten noch in einer Kindergarten- oder Spielgruppe die Möglichkeit dazu besteht, dann ist es gut, wenn die Mutter oder der Vater Anregungen dazu geben. Sie tun das am besten dadurch, daß sie selbst anfangen zu spielen und z.B. Spielsituationen aufbauen. Die Nachahmungsfreude, die alle Kinder im Vorschulalter haben, wird in ihnen sehr bald die Lust am Mitspielen wecken (s.a. Kapitel 2).

«Wie lange dauert es noch?»

Wie oft kommt es vor, daß man mit Kindern irgendwo warten muß – z.B. beim Arzt oder an der Bushaltestelle. Über kurz oder lang fangen sie dann meistens an zu quengeln. Sie wollen, daß der Erwachsene sich mit ihnen beschäftigt. Auch wenn er keine außergewöhnlichen Dinge bei sich hat, kann er auf verschiedenste Weise mit ihnen Kurzweil treiben. Aus dem Papier eines Notizblocks lassen sich z.B. kleine Schiffe, Schachteln, Becher etc. falten und zum Spielen verwenden. Aus einem Taschentuch ist schnell ein Püppchen geknotet. Den Kindern macht es Vergnügen, wenn eine solche schlichte Figur in seinen Händen lebendig wird und vielleicht auch etwas zu erzählen weiß, oder wenn sie selbst damit spielen dürfen.

Auch mit einfachen Spielen, wie z.B. «Ich sehe was, was du nicht siehst», können Wartezeiten auf vergnügliche Weise verkürzt werden. Jemand denkt sich etwas, was er irgendwo in der nahen Umgebung sieht, und sagt z.B.: «Ich sehe was, was du nicht siehst, und das ist grün.» Nun müssen die anderen erraten, was gemeint war, und derjenige, der es herausbekommen hat, darf nun seinerseits etwas benennen, was die anderen erraten sollen.

PLANET

«Ach, jetzt hab' ich mein Spielzeug vergessen!»

Kinder können sich gelegentlich schon so abhängig von ihrem Spielzeug fühlen, daß sie es sich in manchen Situationen gar nicht so recht vorstellen können, ohne es auszukommen. Der Erwachsene ist auch nicht immer in der Verfassung, ihnen mit einem guten Einfall da herauszuhelfen. Wenn er aber dazu aufgelegt ist, ist das nicht nur für die Kinder, sondern auch für ihn belebend.
Christoph ist bei Andreas, Julia und Nina, den Nachbarskindern, zu Besuch. Es ist schönes Wetter, und der Vater nimmt die ganze Kinderschar mit zum Spielplatz. Als Christoph dort ankommt, fällt ihm ein: «Ach, jetzt hab' ich meinen Laster vergessen, jetzt kann ich überhaupt nichts spielen!» Er ist auf einmal richtig schlecht gelaunt. Sichtlich gelangweilt stößt er mit der Fußspitze Sand von sich. Der Vater meint, daß der Laster vielleicht heute gar nicht so nötig wäre. Eigentlich wollte er in

Ruhe lesen. Nun aber läßt er sich im Sand nieder und beginnt, einen großen Berg anzuhäufen. Er braucht die Kinder nicht zu ermuntern. Sie schieben auch Sand heran, klopfen fest, bauen an und sind vergnügt bei der Sache. Auch Christoph hat sich ans Werk gemacht. Er hockt gegenüber von Andreas. Die beiden wollen einen Tunnel graben, der sich in der Mitte treffen soll. Der Vater hat sich längst auf eine Bank zurückgezogen. Jetzt kommen die Kinder alleine zurecht.

«Ich hab' auch einen Kasperl!»

Wenn kleine Kinder aus dem Augenblick heraus dieses oder jenes Spielzeug interessant finden, wollen sie es auch haben. Manchmal behelfen sie sich mit ihrer Phantasie.
Jonas (6 1/2 J.) kehrte von einer Geburtstagseinladung zurück. Begeistert erzählte er, daß sein Freund eine richtige Bühne zum Aufstellen und auch einen Kasperl bekommen habe. Besonders der Kasperl hatte es ihm angetan. Immer wieder sprach er von ihm. Er wollte so gerne auch einen haben. Auf einmal hatte er eine Idee. Er verschwand unvermittelt im Kinderzimmer. Kurz darauf kam er zu den Eltern und sagte: «Jetzt hab' ich auch einen Kasperl!» Er hatte sich ein längliches Holzstück aus seinem Klötzekorb herausgeholt und über ein Ende davon ein kleines buntes Stoffsäckchen gestülpt. Er hatte seine Freude an diesem improvisierten Gesellen und führte gleich allerlei «Kunststücke» mit ihm vor.

«Können Sie sich denn kein Spielzeug leisten?»

Erwachsene, die niemals erlebt haben, wie vielfältig und wandelbar man mit Naturmaterial spielen kann, sind oftmals verwundert, daß Kinder mit Dingen spielen, die nichts kosten.
Nach einem Auslandsaufenthalt wurde das Auto einer Familie sehr sorgfältig kontrolliert. Der Vater sollte alles aus dem Kofferraum herausnehmen. Er ließ nur die beiden großen runden Baumpilze, welche die Kinder bei einem Spaziergang gefunden hatten, liegen. Der Zöllner deutete mißtrauisch darauf und erkundigte sich, was das sein sollte. «Baumpilze», antwortete der Vater. Der Beamte besah sie noch einmal. «Für was brauchen Sie die denn?», wollte er wissen. Als er erfuhr, daß die Kinder sie zum Spielen verwenden wollten, schaute er verständnislos. Dann fragte er: «Können Sie sich denn kein Spielzeug leisten?»

«Wo habt ihr denn die Spielsachen aufgeräumt?»

Wenn kleine Kinder spielen, tun sie es spontan, aus einem Einfall heraus. Ideen zum Spielen können sie am besten entwickeln, wenn das Spielmaterial nicht hinter Schubladen und Schranktüren verborgen ist, sondern wenn es einladend bereitgestellt ist.
Körbe in verschiedenen Größen eignen sich zur Aufbewahrung von Spieltüchern, Klötzen, Zapfen, Kastanien etc. Auf einer Stellfläche, vielleicht einem Regal, können Spielfiguren einen ihnen entsprechenden Platz finden: kleine Hühner, Enten oder Gänse, die sich um einen Futternapf scharen, die Zwerge, die ihr Reich unter einer schönen Wurzel oder zwischen Moos und Steinen haben. Eine Weide für Schafe oder andere Tiere kann z.B. aus einem grünen Spieltuch bereitet werden. Der Fuchs oder andere Waldtiere können in einem Wäldchen aus Bäumen und Zapfen wohnen. Auf diese Weise beherbergt das Kinderzimmer nicht nur eine unverbindliche Materialansammlung, es wird vielmehr zu einem liebevoll gestalteten Spielbereich.
Als eine Mutter ihre Tochter zum ersten Mal in eine Spielgruppe brachte, schaute sie sich noch ein bißchen im Gruppenraum um. Es gefiel ihr, wie

die Tiere und andere Figuren da in kleinen Spielsituationen beisammen standen. Sie wollte wissen, wo denn die Spielsachen aufgeräumt wären. Und dann war sie ganz angetan davon, daß die Gegenstände, die in den Regalen und auf der Kommode standen, nicht zur Zierde aufgebaut waren, sondern zum Spielen da waren.

4
Schöpferisches Gestalten

Zum schöpferischen Gestalten braucht man Phantasie und innere Beweglichkeit. Das kleine Kind kann sich am besten entfalten, wenn es sich nicht an vorgegebene Regeln oder Anleitungen halten muß. Es ist bei allem, was es während des Tages tut, irgendwie kreativ. Es will so gerne verwandeln und umformen, was es in seiner Umgebung sieht, wenn auch nicht immer zur Freude der Eltern. Es drückt Muster in die weiche Seife, verwandelt seine Anziehsachen in die abenteuerlichsten Dinge, gräbt Butterkanäle in den Kartoffelbrei und vieles mehr. Die Lust am Umgestalten drängt zur Tat. Sie will sich ausformen. Draußen im Freien hat das Kind mit Erde, Sand und Wasser Gelegenheit dazu. Es braucht aber auch im Hause geeignete Gestaltungsmaterialien, die es mit seinen Phantasiekräften beleben kann.

Plastizieren

Ebenso wie das Spielzeug wirken auch alle anderen Materialien, die den Kindern zur Verfügung stehen, auf ihre Sinne. Die kleinen Kinder wollen die verschiedenen Gegenstände nicht nur anfassen, sondern auch riechen und schmecken und sich dadurch mit ihrer Eigenart vertraut machen. Aus diesem Grunde ist es wichtig, daß man ihnen möglichst reine Materialien gibt. Zum Plastizieren eignet sich vor allem Bienenknetwachs. Es wird in kleinen Tafeln angeboten und ist in verschiedenen Farben erhältlich.

Zum Kneten mit Bienenwachs braucht man ein wenig Geduld, denn es ist zunächst noch fest und nicht verformbar. Gerade darin aber liegt seine Qualität. Sie erfordert, das Material nicht nur oberflächlich zu handhaben, so daß die Hände hier und die Gedanken ganz woanders sind. Bienenknetwachs muß stückchenweise zwischen den Händen gedrückt und bewegt werden. Es wird dadurch ein Wärmeprozeß angeregt, der den ganzen Organismus durchdringt, und der bis in die Gliedmaßen hinein beruhigend und ausgleichend wirkt. Aus diesem Grunde hat das Kneten mit Bienenwachs besonders in unserer Zeit, in der so viel Hektik bereits auf die Kinder einwirkt, auch eine therapeutische Wirkung. Ruhe kann sich beim Plastizieren nur dann einstellen, wenn auch der Erwachsene sie aufbringt.

Ein Vater hatte bei einer anderen Familie Knetfiguren gesehen. Sie gefielen ihm so, daß er seinen Kindern Bienenwachs zum Kneten mitbrachte. Dann aber war er enttäuscht, daß man da so «ewig dran herummachen» mußte bis man etwas damit anfangen konnte. Kurzerhand legte er die Täfelchen in heißes Wasser. Sie wurden sofort weich, aber nun mochten die Kinder sie nicht mehr verwenden. Das Wachs hatte seinen Glanz verloren. Es war bröselig und naß geworden, und es duftete nicht mehr. Solange das Kind mit dem Bienenknetwachs noch nicht vertraut ist, braucht es den Erwachsenen, der mit ihm knetet, der geduldig ist und Freude daran hat, es bei seinem Schaffen zu begleiten.

Die Kinder wollen sich auch selbst mitteilen: «Jetzt hab' ich ganz warme Hände gekriegt, fühl' mal», freut sich Marion (4 J.). Sie hat grünes Wachs

zu einer dünnen Platte breitgedrückt und klopft es auf einem Brett fest. «Also, jetzt mach' ich erst mal eine Wiese!», ruft sie. Darüber legt sie ein Fleckchen blaues Wachs: «Das ist mein See, schau!» Zum Schluß werden noch kleine farbige Knödelchen auf der Wiese verteilt: «Und das sind die Blumen!»

Anna (4 J.) will eine Maria kneten. Sie formt dabei nur das, was ihr aus ihrer Sicht heraus wichtig ist. Es ist der Kopf. Sie drückt eine runde blaue Wachskugel auf die Tischplatte. Als sie nun zwei rote Wachskügelchen in den Händen hat, sagt sie: «Und jetzt wärm' ich die Augen.»

Drei- bis vierjährige Kinder haben gerne ein Holzbrett, auf das sie etwas aufbringen können. Erst später, etwa ab dem fünften Lebensjahr, hebt sich das Geknetete von der Unterlage ab und wird selbständig.

Die Knetfiguren können nach einiger Zeit, wenn sie niemand mehr anschaut, wieder «eingeschmolzen» werden. Getrennt nach Farben läßt sich das Wachs zu kleinen Kugeln formen und z.B. in einem Körbchen aufbewahren, bis wieder etwas anderes daraus geknetet wird.

Malen

Zum Malen sind für Kinder im Vorschulalter Wachskreiden gut geeignet. Sie schmieren nicht, und sie können nicht eintrocknen, wenn man sie offen liegen läßt. In Form von Blöcken sind sie besonders zu empfehlen, denn diese brechen nicht, selbst wenn man sie sehr stark aufdrückt oder wenn sie herunterfallen. Die Kinder brauchen zuverlässiges Material, sonst verlieren sie schnell die Lust an einer Tätigkeit. Allmählich, gegen Ende des Vorschulalters, verstehen es die Kinder auch, die verschiedenen Strichstärken der Blöcken zu nutzen.

«Jetzt male ich ...»

Es ist wichtig, daß der Erwachsene das Kind beim Malen ganz frei läßt und ihm nicht hineinredet. Es hat von sich aus so viel Phantasie, daß Anleitungen überflüssig sind. Gibt man ihm Themen oder Vorlagen zum Ausmalen, so wird dadurch auf die Dauer seine natürliche Fähigkeit eingeschränkt, frei aus sich heraus zu schöpfen. Das Kind braucht die Möglichkeit, seine eigene Ausdruckskraft zu entfalten. Weniger auf das Ergebnis, das «schöne Bild» kommt es an, sondern auf die Freude am schöpferischen Tun. Etwa bis zum fünften Lebensjahr entstehen vorwiegend Strichkompositionen. Manchmal erzählen die Kinder, was sie auf dem Papier dargestellt haben.
Florian (5 J.) ist gerade mit seinem Bild fertig geworden. Er reicht es dem Vater: «Da ist der Kopf, da ist der Hals, und da ist der Pullover», sagt er, «mehr hat nicht mehr draufgepaßt.»
Johanna (4 1/2 J.) ist mit großem Eifer beim Malen. Verschiedene senkrechte und waagerechte Striche sind zu sehen. Dazu meint sie: «Das ist der Wald ..., das ist der Rechtsan-Wald und das ist der Grün-Wald.»
Erst nach dem fünften Lebensjahr werden die Bilder immer gegenständlicher. Die Kinder setzen sich gelegentlich schon Themen. «Jetzt zeichne ich ein Haus ... einen Regenbogen» ... heißt es dann zum Beispiel. Julia (5 J.) hat ein Papierrestchen aufgestöbert. In wenigen Sekunden ist ihr Bild fertig: «Das ist die Wiese ... Jetzt kommt der Himmel», erklärt sie unaufgefordert dazu. Nun füllt sie die freie Fläche dazwischen rasch mit Blätterbäumen aus, die ihre Äste hoch hinaufstrecken. «Das sind die Bäume des Lebens», sagt sie, «die wachsen bis in den Himmel.»

«Schau, was ich dir geschrieben habe ...!»

Von älteren Geschwistern oder Nachbarskindern werden gerne Buchstabenformen abgeguckt und nachgemalt. Die Kleinen haben Freude daran, nachzutun, was sie bei den Großen sehen. Eine Notwendigkeit zum frühen Lesenlernen ist dadurch jedoch nicht gegeben. Die Kinder wollen die Buchstaben eher malen als erkennen. Sie reihen sie irgendwie aneinander. «Schau, was ich geschrieben habe!», freuen sie sich. Da wollen sie keine Belehrung, wenn sie nur spielend etwas «schreiben». Erklärungen kommen mit Beginn der Schulzeit noch früh genug. Sie müssen nicht vorher schon in das unbefangene kindliche Spiel eingreifen.

«Was soll ich denn malen?»

Wenn Kinder sich dem Schulalter nähern, läßt die Fähigkeit, aus dem Augenblick heraus zu gestalten, allmählich nach. Immer öfter kommt es dann vor, daß sie sagen: «Was soll ich denn malen?» «Wie geht ein Baum?» «Du malst viel schöner als ich!» Der Erwachsene würde dieses Gefühl nur verstärken, wenn er nun tatsächlich vormalen würde. Jonas (6 J.) sitzt am Tisch vor einem Blatt Papier: «Ich kann kein Haus!», sagt er. «Dann mal doch etwas anderes.» «Was denn?» «Was du Lust hast!» «Ach sag' halt, was ich malen soll!» «Vielleicht weiß es der Stift, wenn er ein bißchen auf dem Blatt spazieren darf.» Jonas überlegt. «Jetzt weiß ich schon, jetzt brauchst du mir nichts mehr sagen», meint er schließlich, und er malt ein wunderschönes Bild.

Wasserfarben

Ab dem dritten Lebensjahr können die Kinder schon mit Wasserfarben umgehen. Wenn sie diese flüssig angerührt bekommen, so daß sich der Pinsel richtig hineintauchen läßt, werden sie zu großzügigem Malen angeregt. Die verschiedensten Farben lassen sich aus den Grundtönen Rot, Blau und Gelb mischen. Wenn sie in der Technik Naß-in-Naß auf das angefeuchtete Papier aufgetragen werden, bleiben sie nicht stehen. Nach allen Seiten breiten sie sich aus. Sie treffen zusammen und gehen ineinander über. Oft bilden sich nicht vorhersehbare Farbtöne und -formen. Niemand hat sie vorgezeichnet oder gedacht. Während des Malens entsteht fortwährend Neues. Es ist ein lebendiger Vorgang, an dem die Kinder teilhaben.

Malen mit Wasserfarben regt ihre Phantasie an, es ist auch beruhigend. Wenn Kinder einmal besonders schwierig oder streitsüchtig sind, kann man immer wieder erleben, wie ausgleichend dann das Wasserfarbenmalen wirkt. Es ist eine Tätigkeit, die den ganzen Menschen anspricht. Kleine Kinder malen ausgesprochen gerne, solange sie ohne Themenvorgaben ans Werk gehen dürfen. Diese gehören noch nicht ins Vorschulalter. Sie nehmen die unbefangene Schaffensfreude.
Zum Wasserfarben-Malen braucht man Zeit. Es läßt sich nicht mal schnell zwischendurch einschieben. Einige Vorbereitungen sind dafür zu treffen. Die Kinder helfen gerne mit, das, was gebraucht wird, herbeizuholen.

Malunterlage:
Gebraucht wird ein Tisch mit glatter, unempfindlicher Oberfläche oder besser ein Malbrett (z.B. eine Sperrholzplatte von mindestens 8 mm Stärke).

Schwamm:
Eine Schüssel mit Wasser und ein kleiner Schwamm werden gebraucht, um das Papier anzufeuchten.

Pinsel:
Breite flache Haarpinsel regen zum großzügigen Malen an (Breite 16 oder 18 mm).

Papier:
Man wählt am besten einfaches Papier, das wenig geleimt ist, wie z.B. Saugpost oder unbedrucktes Zeitungspapier (Restrollen sind in Druckereien oft umsonst zu haben).
Das Papier wird naß gemacht: Man streicht es mit einem gut angefeuchteten Schwamm erst auf der einen, dann auf der anderen Seite ein. Dieser Vorgang wird noch zweimal wiederholt. Danach wird es mit dem Schwamm auf der Unterlage ganz glatt gestrichen. Das aufgespannte Papier läßt man auf der Unterlage liegen, bis es ganz trocken ist. So bleibt es schön glatt.

Wasserbecher:
Der Pinsel muß immer wieder ausgewaschen werden, bevor er in eine andere Farbe getaucht wird. Jedes Kind braucht dafür einen, besser zwei Becher.

Farben:
Zum Wasserfarben-Malen mit der Technik Naß-in-Naß eignen sich am besten weiche Aquarellfarben. Sie sind gut wasserlöslich. Mit einem feinen Haarpinsel rührt man sie satt an. Die Grundfarben Ultramarinblau, Carminrot und Zitronengelb ergeben untereinander sehr schöne Mischtöne. Jede Farbe wird in ein eigenes Töpfchen gefüllt. Malen mehrere Kinder an einem Tisch, so ist es vorteilhaft, wenn jedes für sich Tiegelchen mit den Grundfarben bekommt. So wird unnötiger Streit vermieden, wenn einer vergessen hat, seinen Pinsel auszuwaschen, und deshalb die Farben trübe geworden sind. Sobald alles vorbereitet ist, dürfen die Kinder anfangen, auf das feuchte, nicht mehr nasse Papier zu malen. Im Eifer ihres Tuns vergessen sie oft, den Pinsel auszuwaschen, bevor sie ihn in eine andere Farbe eintauchen. Der Erwachsene, der möglichst in ihrer Nähe ist, kann ihnen da ein bißchen Beistand leisten. Gegebenenfalls wird die getrübte Farbe ausgewechselt.

«Schau mal, jetzt ist grün ...!»

Ein Blau und ein Gelb verfließen ineinander: «Schau mal, jetzt ist grün!» Ein kleines Kind, das nicht darauf vorbereitet war, empfindet das wie ein Wunder. Freude und Staunen werden geweckt. Bei einem sechsjährigen Kind entsteht lila. «Wie machst du das?», fragt ein anderes. «Erst rot, dann blau, und dann ist lila!»
Aus Gelb und Rot entsteht Orange, unzählige Zwischentöne und Abstufungen gibt es. Alle Farben zusammen ergeben Braun. Was sich da auf dem Papier ausbreitet, sieht immer anders aus. Jede Schöpfung ist einmalig.
Die Kinder malen je nach Alter sehr verschieden. Während man bei den Jüngeren meistens sehr viel Dynamik erlebt, gehen die Älteren schon überlegter ans Werk.

«Noch malen ...»

Sabine (3 J.) hat große Freude am Wasserfarbenmalen. Sie hat den Pinsel so ins Fäustchen genommen, wie man einen Kartoffelstampfer hält. Meistens fängt sie mit einer schönen Schneckenform an, aber gleich darauf wird alles «verrührt», und viele bräunliche Brösel entstehen auf dem Papier. Wenn der Erwachsene nicht acht gibt, ist schon ein Loch darin. «Noch malen!», ruft sie voller Schaffensfreude. Bis der Bruder, der fünf Jahre alt ist, sein Bild beendet hat, hat sie mindestens vier geschaffen.
Später, als Sabine vier Jahre alt ist, geht sie behutsamer mit dem Pinsel um. Zunehmend sind nun schöne leuchtende Farben auf dem Papier zu erkennen. Immerfort spricht sie, wenn sie malt. Zu einem Farbklecks sagte sie: «Da ist der Papa drauf», sie malt eine weitere Farbe dazu: «Jetzt wäscht er sich die Haare», wieder kommt etwas Farbe dazu: «Und jetzt werden sie gefönt ... bschsch ... jetzt ist das Bild fertig.»
Benjamin (6 J.) malt nicht mehr so unbeschwert wie noch vor Monaten. Er hat einen roten Farbfleck auf das Papier aufgetragen. Nun hält er inne: «Jetzt muß ich nachdenken, was jetzt kommt.» Schließlich malt er um das Rot erst einen gelben, dann einen roten Farbring: «Das ist die Sonne», sagt er, «die ist innen rot – obwohl ich gar nicht reinschauen kann, aber ich glaub', daß es so ist.»

Nähen

Wenn genäht wird, dann sind die Kinder gerne dabei. Es ist spannend für sie, zu erleben, wie aus einem glatten Stück Tuch z.B. ein Kleidungsstück entsteht, in das man auch richtig hineinschlüpfen kann. Durch die Näharbeiten des Erwachsenen werden die Kinder meistens zum eigenen Tun angeregt. Sie wollen ebenfalls nähen. Wenn sie Gelegenheit dazu haben, können sie dabei ganz von sich aus ihre Fingerfertigkeit und Geschicklichkeit erproben. Sie lieben es, wenn sie Stoffreste in den verschiedensten Farben und Qualitäten bekommen. Wenn es keinen Stoff gibt, wissen sie sich manchmal auch mit Papier zu helfen. Welche Freude, wenn das, was sie selbst fertigen, benutzt werden kann, und wenn es auch den Erwachsenen gefällt.
An einem heißen Sommertag sagt Julia (3 1/2 J.): «Also die Berta (ihre Puppe) braucht unbedingt ein Sommerkleid!». Nun wird Papier bunt angemalt, etwas ausgeschnitten und der Puppe angezogen. «Knöpfe» aus bunten Wachskugeln halten das Gewand zusammen.

«Jetzt hat meine Liesel auch so eine Hose wie ich», freut sich Julia (4 1/2 J.). Sie zeigt der Mutter ihre Puppe mit dem neuen, aus groben Stichen zusammengefügten Kleidungsstück. Sie näht auch noch eine Jacke dazu, und sie ist ganz glücklich, daß alles so gut paßt. Als die Großmutter zu Besuch kommt und sieht, wie das niedliche Puppenkind, das sie der Enkelin geschenkt hat, jetzt in diesen engen Anzug mit den groben Nähten gezwängt ist, ist sie schon ein bißchen enttäuscht. Sie findet es schade, daß es nun nicht mehr so apart aussieht wie früher. Bei der Mutter erkundigt sie sich, warum sie es zuließe, daß die schöne Puppe nun so angezogen wäre. Hier wird die Frage aufgeworfen, ob es wichtiger ist, daß der Erwachsene seine Geschmacksvorstellungen durchsetzt, oder ob er bereit ist, die Schaffensfreude des Kindes, das selbständig, ohne Vorgaben nach eigenen Ausdrucksmöglichkeiten sucht, zu unterstützen.

5
Rhythmus

Rhythmus ist in allen Bewegungen, die in regelmäßigem Wechsel wiederkehren. Alles Lebendige ist davon durchzogen. Den Pflanzen, den Tieren, den Menschen, der Erde, dem ganzen Kosmos liegen rhythmische Gesetzmäßigkeiten zugrunde. Das Wachsen und Verblühen der Blumen, die Atmung, die Gezeiten, der Jahreslauf, der Gang des Mondes und der Gestirne und vieles mehr ist durch Rhythmen bestimmt.
Rhythmen sind verläßlich. Nichts kann sie aus ihrer Ruhe bringen. Allein die Vorstellung, die Sonne ginge an einem Tag früher auf oder unter, gibt uns ein Bild davon, wie tief wir mit der Zuverlässigkeit ihres rhythmischen Laufes verbunden sind. Im Rhythmus liegt Vertrauen auf Vorhersehbares.
Seitdem es für die meisten Menschen nicht mehr notwendig ist, in Abhängigkeit von naturgegebenen Rhythmen zu leben und zu arbeiten, wird eine besondere Freiheit darin empfunden, willkürlich anstatt rhythmisch zu handeln. In den Rhythmen sieht man überholte Zwänge. Sie gelten als nicht mehr zeitgemäß.
Diese moderne Einstellung, mit der Erwachsene für sich selbst umgehen können, kommt jedoch weder dem Wesen noch den Bedürfnissen des kleinen Kindes entgegen. Es ist noch nicht in der Lage, fortdauernd neue Reize oder Unbeständigkeit zu verkraften. Woran soll es sich halten, womit soll es sich verbinden, wenn immer nur flüchtige Eindrücke an ihm vorüberziehen?
Mädchen und Buben im Vorschulalter leiden zunehmend unter Nervosität und Zappeligkeit. Wissenschaftler haben eindeutige Streßsymptome bereits bei Kleinkindern nachgewiesen. Sie machen deutlich, wie notwendig es ist, den Kindern Ausgleichendes entgegenzubringen. Sie finden sich harmonischer in ihre Umwelt hinein, wenn sie immer wieder Vertrautes erleben, das in regelmäßigem Wechsel wiederkehrt.
Die verschiedensten Rhythmen können durch den Alltag begleiten. In Versen, Reimen, Liedern und in den Märchen mit ihren Kehrreimen werden sie lebendig (s.a. Kap. 7): Es gibt sie in vielen Spielen: beim Schaukeln, Schwingen, Reifen treiben, Seilspringen, bei Kniereitern oder Ballspielen (s.a. Kap. 2). Der Tagesablauf, der ganze Jahreskreis mit seinen Wochen, Monaten, Jahres- und Festeszeiten kann rhythmisch gestaltet werden, wenn Bekanntes und Liebgewordenes immer wiederkehrt.

Rhythmen durch Tag und Nacht, Woche, Monat und durch das Jahr

«Sonne, Sonne, komm hervor ...»

Für ein kleines Kind ist es nicht einerlei, wie es in den Tag hineinfindet. Der Morgen bekommt eine besondere Qualität, wenn er nicht mit Hektik beginnen muß. Der Erzieher, dem es gelingt, lieber ein wenig früher aufzustehen, kann das Kind Morgen für Morgen rhythmisch in den Tag geleiten, wenn er mit ihm z.B. ein Lied singt oder einen Spruch spricht.

Sonne, Sonne komm hervor
aus des Himmels goldnem Tor!
Strahle mich so lange an,
bis ich selber strahlen kann.
(H. Diestel)

Am Abend

Das kleine Kind braucht – mehr als der Erwachsene – eine gewisse Regelmäßigkeit im täglichen Leben. Die Zeiten für das Aufstehen, das Schlafengehen und auch für die Mahlzeiten, die im wesentlichen verbindlich sind, bringen ein ordnendes Element in den Tageslauf.
Eine rhythmische Abfolge täglich wiederkehrender Ereignisse gibt dem Kind ein Gerüst, an dem es sich orientieren kann. Sie ist auch eine Hilfe für den Erzieher. So fällt es dem Kind z.B. leichter, eine gewisse Schlafenszeit zu akzeptieren, wenn sie von Abend zu Abend die gleiche ist – auch wenn bei besonderen Anlässen mal eine Ausnahme gemacht wird. Wechseln aber die Anordnungen der Erwachsenen fortwährend, so daß

etwas heute so, morgen so und übermorgen wieder anders gemacht werden soll, dann fühlt sich das Kind eher herausgefordert, sich ihnen zu widersetzen. Es entstehen oft ewige Diskussionen und Reibereien.
Im Alltag mit Kindern ist fortwährende Harmonie kaum möglich. Auseinandersetzungen, die gelegentlich nötig sind, müssen aber nicht ewig ausgebreitet werden. Unstimmigkeiten, die vielleicht während des Tages aufgetaucht sind, sollten spätestens dann ein Ende gefunden haben, wenn das Kind zu Bett gebracht wird. Es braucht eine Stimmung der Ruhe und Ausgeglichenheit, damit es unbeschwert in den Schlaf finden kann.

Für das Kind rundet sich der Tag harmonisch, wenn die Mutter, der Vater sich noch ein wenig Zeit für das Zubettbringen nehmen. In den verschiedenen Familien gibt es oft eigene Rituale. Es bedeutet den Kindern viel, daß das, was einmal eingeführt wurde, auch möglichst jeden Abend wiederkehrt. Das sanfte Licht einer Kerze, ein Lied, ein Spruch, etwas Musik auf der Kinderharfe, auch eine einfache Geschichte (s.a. Kap. 7) lassen den Tag ausklingen.

«Was ist heute für ein Tag?»

Die Wochentage in ihrer rhythmischen Folge sind den Kindern erst etwa mit Beginn des Schulalters vertraut. Sie fragen trotzdem gerne nach den Namen der einzelnen Tage. Die Kleinen können sich viel eher ein Bild von den Tagen machen, wenn sie nicht nur ihre Namen, sondern auch einen entsprechenden Reim dazu hören. Es macht ihnen Freude, in der Früh den jeweiligen Wochentag zu begrüßen.

Der Montag schüttelt seinen Kopf
und ist ein rechter Sauertopf.

Der Dienstag ist ein starker Held
und singt sich mutig durch die Welt.

Der Mittwoch kommt mit flinkem Schritt
und nimmt uns Kinder alle mit.

Der Donnerstag, der neigt das Ohr,
und jedes sagt sein Sprüchlein vor.

Der Freitag bindet einen Kranz
und holt die Braut zum Hochzeitstanz.

Der Samstag läutet uns zur Ruh
und schließt das Wochenhäuslein zu.

Der Sonntag ist der Sonnensohn,
der trägt die goldne Königskron.

(M. Garff)

«… Sonntag, Sonntag heute»

Unter den Wochentagen nimmt der Sonntag eine besondere Stellung ein. Unabhängig von der persönlichen Einstellung hat er eine eigene Qualität.

Auf verschiedene Weise kann der Erzieher in dem Kinde ein Gefühl für den Sonntag wecken: ein festlich gedeckter Tisch, eine Kerze, Zeit zum Singen, Spielen, Musizieren. Auch eine besondere Geschichte oder ein Vers können zu dem Tag gehören.

Text: M. Garff / Melodie: J. Ruß

(Kann auch als Kanon gesungen werden)

«Was ist das, ein Monat?»

Kleine Kinder sind mit der Aufeinanderfolge der Monate ebensowenig vertraut wie mit den Wochentagen, aber sie möchten schon wissen, wann welches Ereignis kommt: «Wieviele Tage muß ich noch schlafen, bis ...?» «Wann hab' ich Geburtstag?» «Wann ist bald?». Sie versuchen sich auch über die Zeitenfolge zu orientieren: «Warum ist jetzt Mai?» «Was kommt nach Januar?» «Was ist das, ein Monat?».
Der rhythmische Wechsel der Monate wird den Kindern nach und nach vertraut. Mit einem Lied (auch als Gedicht gesprochen) kann jeder Monat begleitet werden.

Zwölf Brüder

Chr. Kutik

2. Der Januar führt den Reigen an, didel didel dei.
Er zeigt uns, was er alles kann, didel didel dei.
Er bringt uns Kälte, Schnee und Eis,
deckt Berg und Tal und Felder weiß.

Februar

1. Zwölf Brüder …
3. Der Feb'rar kommt als zweiter an, didel didel dei.
Er zeigt uns, was er alles kann, didel didel dei.
Er bringt die lust'ge Fasenacht,
kommt hüpft und singt und tanzt und lacht!

März

1. Zwölf Brüder …
4. Der März, der kommt als dritter an, didel didel dei.
Er zeigt uns, was er alles kann, didel didel dei.
Bringt frühlingshellen Sonnenschein,
da zwitschern froh die Vögelein.

April

1. Zwölf Brüder …
5. April, der kommt als vierter an, didel didel dei.
Er zeigt uns, was er alles kann, didel didel dei.
Das Wetter ist ihm einerlei,
hat Sonne, Regen, Schnee dabei.

Mai

1. Zwölf Brüder …
6. Der Mai, der kommt als fünfter an, didel didel dei.
Er zeigt uns, was er alles kann, didel didel dei.
Bringt Maibaum uns und Blumenduft,
's wird alles grün, der Kuckuck ruft.

Juni

1. Zwölf Brüder …
7. Der Juni kommt als sechster an, didel didel dei.
Er zeigt uns, was er alles kann, didel didel dei.
Er bringt die schöne Sommerszeit,
Johannifeuer leuchtet weit.

Juli

1. Zwölf Brüder …
8. Der Juli kommt als siebter an, didel didel dei.
Er zeigt uns, was er alles kann, didel didel dei.
Bringt frische Beer'n für jedes Kind,
Heuduft zieht mit dem Sommerwind.

August

1. Zwölf Brüder …
9. August, der kommt als achter an, didel didel dei.
Er zeigt uns, was er alles kann, didel didel dei.
Bringt reifes gold'nes Korn vom Feld,
die Erntewagen sind bestellt.

September

1. Zwölf Brüder …
10. September kommt als neunter an, didel didel dei.
Er zeigt uns, was er alles kann, didel didel dei.
Er bringt die Michaelizeit,
die Vögel ziehen fort ganz weit.

Oktober

1. Zwölf Brüder …
11. Oktober kommt als zehnter an, didel didel dei.
Er zeigt uns, was er alles kann, didel didel dei.
Treibt buntes Laub vor sich geschwind,
zum Drachensteigen bläst der Wind.

November

1. Zwölf Brüder …
12. November kommt als elfter an, didel didel dei.
Er zeigt uns, was er alles kann, didel didel dei.
Bringt Nebel mit und Dunkelheit,
die Martinslichter leuchten weit.

Dezember

1. Zwölf Brüder …
13. Dezember kommt als zwölfter an, didel didel dei.
Er zeigt uns, was er alles kann, didel didel dei.
Advent! Macht euch zum Fest bereit,
bald kommt die frohe Weihnachtszeit!

Die Jahreszeiten

In die Folge der Jahreszeiten leben sich die Kinder erst allmählich ein. Eva (3 1/2 J.) wünscht sich oft gerne die Jahreszeit herbei, die gerade nicht ist. Im Sommer fragt sie: «Wann geh'n wir wieder Schlitten fahren?». Im Winter konnte sie es kaum erwarten, bis das Schwimmbad wieder offen hatte. Im Frühling fällt ihr der Nikolaus ein: «Ich will wieder eine goldene Rute», sagt sie, «aber ich bin trotzdem lieb. Der Knecht Rutermann bringt mir dann die Rute.» Im Advent sprechen Markus (6 J.) und Johanna (4 J.) vom Osterhasen. Johanna: «Wann stirbt der Osterhase?» Markus: «Der stirbt nie! Es kommen ja immer wieder neue Kinder auf die Welt.»

Eine Jahreszeiten-Ecke kann das allmähliche Hineinleben in den Rhythmus des Jahres begleiten. An einer bestimmten Stelle in der Wohnung, z.B. auf einem Wandbrett oder einer Kommode, können die Besonderheiten, die jeder Monat mit sich bringt, Platz finden. Nicht nur den Jahreszeiten entsprechende Blüten, Blätter, Zweige oder Früchte, sondern auch besonderer Schmuck zu den Festeszeiten gehören dazu (vgl. Literaturhinweise).

6
Musik

Musikalität

Alle kleinen Kinder haben einen Sinn für Musikalität. Immer wieder kann man erleben, wie sie unvermittelt anfangen zu singen oder zu summen. Sie tun es besonders gerne dann, wenn sie sich mit sich selbst und mit der Welt so richtig im Einklang fühlen, wenn sie rings um sich eine Stimmung der Harmonie empfinden.

Erzieher haben großen Einfluß darauf, ob und wie sich die Musikalität der Kinder entfalten kann. Mütter oder Väter halten sich oft selbst für untalentiert und geben sich dann schnell damit zufrieden, daß auch ihr Kind kein Musikempfinden habe. Abgesehen davon, daß eine solche Selbstkritik nicht unbedingt zutreffend sein muß – die Kinder stellen überhaupt keinen Anspruch an Perfektion. Sie haben so viel Freude, wenn der Erwachsene ab und zu singt oder wenigstens summt.

«Leise, leise, aufgepaßt ...»

Ein Säugling hat einen Gehörsinn von außergewöhnlicher Sensibilität. Nimmt er einen Ton wahr, z.B. das Klingen eines Glöckchens, so reagiert er viel inniger darauf als der Erwachsene. Während dieser den Ton wohl hört, ihn aber außen an sich vorbeigleiten läßt, wird das kleine Kind ganz davon ergriffen. Der Ton durchströmt seinen Körper vom Kopf zu den Fußspitzen bis in die Hände und bringt ihn in Bewegung.

Diese Hörsensibilität stumpft im Laufe der Lebensjahre ab. Es ist ein natürlicher Prozeß, der jedoch durch die Zivilisationseinflüsse beschleunigt wird. Wissenschaftliche Untersuchungen haben ergeben, daß Symptome von Schwerhörigkeit unter Kindern und Jugendlichen immer mehr zunehmen. Es ist nachgewiesen, daß die Ursache dafür weniger an den zahlreichen – unbeeinflußbaren – Lärmquellen liegt, wie sie z.B. durch Verkehrsmittel, Bauarbeiten etc. gegeben sind, als an den zusätzli-

chen – vermeidbaren – Geräuschkulissen, die durch Radio, Kassetten usw. hervorgerufen werden.
Der Erzieher kann dazu beitragen, den Hörsinn zu pflegen, nicht nur, indem er die Benutzung elektrischer Tonträger in Gegenwart kleiner Kinder vermeidet, sondern auch dadurch, daß er selbst Vorbild ist für das Hören, das Zuhören, das Lauschen. Die Pflege der pentatonischen Instrumente, das Singen, die Sprache mit all ihren unendlich vielen Ausdrucksmöglichkeiten vermitteln dem Kind seelisch belebte Klänge.

Text: H. Diestel / Melodie: J. Ruß

Der Ton macht die Musik

Die alltägliche Erwachsenensprache wirkt oft eintönig und unverständlich auf die kleinen Kinder. Häufig kann man erleben, daß sie sich kaum angesprochen fühlen von den Worten, die der Erwachsene an sie richtet. Wendet er sich aber mit einem Reimchen an sie oder versucht er, das, was er sagen will, singend zu vermitteln, dann reagieren sie sofort.
Vielen Müttern und Vätern fällt es jedoch schwer, sich sprachlich auf das Kind einzustimmen. Es liegt ihnen viel mehr, ihr Kind z.B. wortreich zu bedauern, wenn es sich einmal weh getan hat, als es mit einem Heileliedchen zu trösten.
Auf dem Spielplatz ist der kleine Julian von der Schaukel gefallen. Er fängt herzerweichend an zu weinen. Die Mutter nimmt ihn in die Arme und singt immer wieder nur:

Heile, heile Segen,
drei Tage Regen,
drei Tage Sonnenschein,
wird schon wieder gut sein!

Es dauert nicht lange, da ist der Bub beruhigt. Schon läuft er wieder zu den anderen Kindern. Eine junge Frau, die alles beobachtet hat, sagt: «So was hat meine Großmutter so gut gekonnt. Die wußte auch immer ein passendes Sprüchlein. Aber heute, da hat doch niemand mehr Zeit dazu, so was zu lernen.» «Ja, das hab' ich mir früher auch immer gedacht», erwidert die Mutter. Sie erzählt, wie sie durch ihr Kind selbst Freude an den Reimen entdeckt habe und wie sie bei einfachen Hausarbeiten, z.B. beim Bügeln, oft ein kleines Büchlein mit Kinderversen neben sich habe, um vergessene Reime wieder aufzufrischen.

Singen und Musizieren

Singen und Klingen belebt den Alltag der kleinen Kinder. Wenn sie gerade irgendwo beschäftigt sind, und ein vertrauter Erwachsener stimmt ein Lied an, dann lassen sie meistens alles stehen und liegen. Sie kommen herbei, um mitzusingen. Auch wenn sie die Tonlage noch nicht richtig treffen können, haben sie trotzdem Freude am Singen. Voller Inbrunst geben sie falsche Töne von sich. Sie finden sich zunehmend besser in die Melodien hinein, wenn man besonders viel mit ihnen singt.
Es gibt auch Kinder, die etwas zaghaft und zurückhaltend sind, die lieber zuhören als mitsingen. Sie brauchen keine Ermunterungen. Früher oder später kommen sie aus der Nachahmung selbst dazu.
Besonders beliebt sind die Festeslieder. Julia (3 J.) zwitschert schon morgens, kaum, daß sie aufgewacht ist: «Martin, Martin, Martin ist ein guter Mann ...!»

«Musizieren mit dem Kind – wie schön wäre es, wenn ich das könnte!» Solche Aussprüche kann man immer wieder von Müttern und Vätern hören. Sie bedauern, daß ihnen der Umgang mit einem Instrument nicht vertraut ist oder daß sie selbst – leider – unmusikalisch sind.
Seit der Entwicklung der pentatonischen Instrumente, z.B. der Kinderharfe, der Kantele, der Choroiflöte oder des Glockenspiels, kann Musi-

zieren für jeden Menschen, der Freude daran hat, möglich sein. Auch ohne Notenkenntnis und ohne, daß besonderer Musikunterricht unbedingt erforderlich wäre, kann musiziert werden!

Für den Erwachsenen, der nie zuvor ein Instrument gespielt hat, eignet sich neben dem Glockenspiel vor allem die Kinderharfe zum Spielen. Sie ist, wie alle pentatonischen Instrumente, so eingestimmt, daß immer ein Wohlklang entsteht, welche Töne man auch anschlägt. Man kann einfach zart über alle Saiten streichen oder frei improvisierend Melodien darauf spielen. Die Harmonie, in der alle Töne, die man anklingen läßt, zueinanderstehen, überträgt sich auch auf die Kinder. Wenn sie einmal schlecht aufgelegt oder streitsüchtig sind, sowie auch abends vor dem Schlafengehen oder auch morgens, wenn sie geweckt werden müssen, wirken die Klänge der pentatonischen Kinderharfe beruhigend. Sie ist ein idealer sanfter Begleiter des Erziehers. Den Kindern tut es wohl, wenn ihre Töne wieder und wieder in den Alltag hineinklingen.

Von der Geburt bis in die Schulzeit hinein sind die pentatonischen Instrumente für die Kinder geeignet. Die Anschaffung ist also eine Investition für mehrere Jahre. Erst wird die Kinderharfe nur vom Erwachsenen genützt. Etwa ab dem fünften Lebensjahr ist das Kind schon in der Lage, sie mit der nötigen Behutsamkeit zu sich zu nehmen und darauf zu spielen.

Die Kinderharfe wird leicht schräg, etwa so wie eine Puppe, in den linken Arm genommen. Die rechte Hand schaut auf die Saiten herunter. Die dicken weichen Pölsterchen der mittleren Finger schlagen nun sanft die Saiten an. Das klingt ganz zart. Die Töne wollen zu dem Spieler hinfliegen, nicht von ihm weg! Der Daumen hat nichts zu tun. Er darf zuschauen.

Erwachsene, die zum ersten Mal eine pentatonische Kinderharfe in die Hand bekommen, stören sich oft an ihren ungewohnt zurückhaltenden Tönen. Sie versuchen dann, ähnlich wie bei einer Gitarre, durch starkes Anschlagen oder Zupfen «richtige» Musik damit zu machen. Sinn der pentatonischen Instrumente ist es aber nicht, Lautstärke zu vermitteln, im Gegenteil, sie sind besonders gut geeignet, das Hörempfinden der Kinder anzusprechen. Die Pflege des Gehörsinnes ist in unserer mit Tönen überfrachteten Zeit zunehmend notwendig.

Reigenspiele

Für das Hören, die Sprache und die Musik ist das kleine Kind besonders empfänglich, wenn sich noch Spiel und Bewegung dazugesellen. Es empfindet das Zusammenklingen dieser Elemente als beschwingend und belebend. Das Nützlichkeitsdenken unserer Zivilisation hat dazu geführt, daß diese Einheit immer mehr gestört wird. Kaum hat das Kind Gehen und Sprechen gelernt, beginnen diese Bereiche häufig schon auseinanderzuklaffen. Es ist üblich geworden, das Einzelne getrennt vom Ganzen zu fördern.

Die harmonisierenden Kräfte im Kind können angeregt werden, wenn der Zusammenklang von Sprache, Musik , Spiel und Bewegung gepflegt wird. Eine der Möglichkeiten dazu ist der Reigen. Es ist ein rhythmisches Bewegungsspiel, das die Kinder durch die ganze Vorschulzeit hindurch begleiten kann.

Beim Reigen wird die Sprache lebendig gestaltet. Kinderlieder, Verse, Gedichte, gereimte Geschichten werden im Spiel dargestellt. Der ganze Körper, vom Kopf bis zu den Gliedmaßen, ist daran beteiligt. Der Erzieher ist Vorbild. Mit aller Leichtigkeit, die er in sich beleben kann, bewegt er sich und singt dazu. Er fordert nicht, und er belehrt nicht. Ganz von sich aus wird das Kind mitsingen, mitsprechen und auf seine Weise das nachtun, was der Erwachsene vormacht. Die persönliche Ausdrucksweise bleibt ihm überlassen. Es gibt kein «richtig» oder «falsch».

Kinder im Vorschulalter verwandeln sich gerne. Sie haben großes Vergnügen dabei, schwer wie ein Bär zu tappen, wie ein Böcklein zu springen, wie eine Ente zu watscheln usw. Texte zu den Reigenspielen werden ganz in Ruhe mehrere Male hintereinander wiederholt. So hat das Kind auch Gelegenheit, sich richtig in sie hineinzuleben. Die ruhigen rhythmischen Bewegungen, die ein ums andere Mal wiederholt werden, wirken beruhigend und ausgleichend. Die Reigenverse können über mehrere Wochen die gleichen bleiben. Das kleine Kind braucht nicht so viel Abwechslung wie der Erwachsene. Es hat gerne das Bekannte, das sich wiederholt.

Reigen lassen sich sehr schön zu mehreren, z.B. in einer Kindergruppe gestalten. Aber auch zu zweit kann man Reigenspiele machen. Wie oft hört man die Frage: «Spielst du mit mir?» Ja, was denn nur? Vielleicht ist es auch einmal ein Reigenspiel? Nicht nur das Kind, auch der Erwachsene wird sich dadurch belebt fühlen.

Natürlich kann man Reigenspiele nicht einfach so mitten in den Alltag hineinbringen. Sie brauchen eine Einstimmung, z.B. durch einen Ringelreihen:

Ringel, Rangel, Rosen,
schöne Aprikosen,
Veilchen und Vergißmeinnicht.
Alle Kinder setzen sich.
Kikeriki!

Für die ersten Reigen, die man mit den Kindern gestalten will, werden besser nicht zu schwierige Texte herausgesucht. Lieber fängt man mit einem der bekannten Kinderlieder an, bevor man sich übernimmt und dann die Lust verliert. Lieder, zu denen man sich im Reigen bewegen kann, sind z.B.: «Wer will fleißige Handwerker seh'n», «Ich bin ein Musikante ...», «Zeigt her eure Füßchen ...», «Im Märzen der Bauer ...», «Spannenlanger Hansel ...», «Auf unsrer Wiese geht was ...», «Es tanzt ein Bi-Ba-Butzemann ...», «Häschen in der Grube ...», «Dornröschen war ein schönes Kind ...», «Hänsel und Gretel ...», «Brüderlein komm tanz' mit mir ...» (vgl. Literaturhinweise).

Jakob

Nach einem alten Text, neugestaltet von Chr. Kutik

1. Jakob hat kein Brot im Haus,
Jakob macht sich gar nichts daraus,
Jakob hin, Jakob her,
Jakob ist ein Zottelbär.

2. Jakob nach der Arbeit geht,
Jakob der kommt gar zu spät!
Jakob hin, Jakob her,
Jakob ist ein Zottelbär.

3. Jakob fängt zu sägen an,
Jakob ist kein flinker Mann…

4. Jakob fängt zu hacken an …

5. Jakob fängt zu hobeln an …

6. Jakob fängt zu hämmern an …

7. Jakob fängt zu tanzen an …

8. Jakob fängt zu essen an,
Jakob, wie er flink sein kann. …

9. Jakob hat es gut geschmeckt.
Jakob noch den Teller leckt. …

10. Jakob geht nun froh nach Haus,
Jakob schläft sich endlich aus.
Jakob hin, Jakob her,
Jakob ist ein Zottelbär.

Ich bin ein großer brauner Bär

Text: H. Diestel / Melodie: Chr. Kutik

Ich bin ein Bienchen, hübsch und fein,
Schlüpf' in den Blumenkelch hinein,
Trink' Honig aus dem kleinen Glas,
Wie schön ist das! Wie schön ist das!

Ich bin das Schnecklein Gernegroß,
Am Morgen kriech' ich durch das Moos,
Da find' ich dies, da find' ich das,
Wie schön ist das! Wie schön ist das!

Ich bin das Fröschlein Quak-Quak-Quak,
Ich hüpfe an den Bach hinab,
Da ist es naß, ganz pudelnaß,
Wie schön ist das! Wie schön ist das!

Ich bin ein blauer Schmetterling,
Ich fliege zu dem Blumenkind,
Das wartet schon auf mich im Gras,
Wie schön ist das! Wie schön ist das!

Ich bin ein kleines Hasenkind,
Ich hüpfe durch das Gras geschwind,
Ich bin ja bald ein großer Has,
Wie schön ist das! Wie schön ist das!

Ich bin ein kleines Igeltier,
Ich sage: Geh, geh weg von mir!
Hab' spitze Stacheln, hart wie Glas,
Wie schön ist das! Wie schön ist das!

Ich bin der Zwickelzwackelzwerg,
Ich komme nachts aus meinem Berg,
Schlag einen Purzelbaum zum Spaß,
Wie schön ist das! Wie schön ist das!

Ich bin ein muntrer Wichtelmann,
Der Gold im Säckchen tragen kann,
Dir, Kindchen, bring ich auch etwas,
Wie schön ist das! Wie schön ist das!

7
Erzählen und Erleben

Reime, Geschichten oder Märchen, die persönlich weitergegeben werden, beleben die innere Regsamkeit der Kinder. Es werden in ihnen Stimmungen und Gefühle geweckt, Bilder werden lebendig, die das Geschehen ausmalen. Ein Schloß, ein Wald, eine Gegend, die Gestalten usw. sehen für jeden einzelnen anders aus. Die Phantasie ist gefordert, selbst tätig zu sein. Sie wird jedoch in ihrer Beweglichkeit eingeschränkt, wenn den Kindern von Erwachsenen gemachte Bilder vorgesetzt werden. Wenn erzählt wird, zeigen sie eine viel größere Aufmerksamkeit, und sie haben die Möglichkeit, den Erzähler gelegentlich zu unterbrechen, wenn Fragen auftauchen. Er kann dann darauf eingehen und auch mal etwas wiederholen.

Kunterbunt

Märchen und Geschichten zu erzählen, fällt vielen Menschen leichter, als sich mit Reimen vertraut zu machen, denn diese fallen ganz aus dem normalen Sprachgebrauch heraus. Erwachsene halten Kinderverse oft für überflüssig, weil sie keinen Sinn ergeben. Sie müssen sich erst in die Klangwelt der Kinder einfühlen, die über das Mitteilen weit hinaus führt. Das Klingen der Worte und Laute, der Rhythmus und der Takt beleben in den Kindern ein wahrhaftes Vergnügen an der Sprache. Reime sind so herrlich unvernünftig. Die Kinder mögen sie nicht zuletzt deshalb so gerne. Auch wenn sie den gleichen Vers schon zum hundertsten Mal gehört haben, macht er ihnen immer noch Freude. Kinderreime bringen zu unzähligen Gelegenheiten Glanzlichter in den Alltag.

Ich will euch was erzählen,
gebt acht, so fängt es an:
Es war einmal ein schwarzer
kurzer runder bunter Mann,
der hatte schwarze kurze runde
bunte Hosen an.
Er war umgürtet mit einem schwarzen
kurzen runden bunten Schwert
und saß auf einem schwarzen
kurzen runden bunten Pferd.
Er ritt durch die schwarzen
kurzen runden bunten Straßen,
wo die schwarzen kurzen runden
bunten Kinder saßen.
O ihr schwarzen kurzen runden
bunten Kinder, geht hinweg,
daß euch mein schwarzes kurzes rundes
buntes Pferd nicht schlägt!
Nicht wahr, wie von dem schwarzen
kurzen runden bunten Mann
ich euch so schwarz und kurz
und rund und bunt erzählen kann? (Volksgut)

Fingerspiele

Wenn man einmal irgendwo warten muß, oder wenn man einfach nur so Lust hat, Kurzweil zu treiben, ist es sehr vergnüglich für die Kinder, wenn der Erwachsene einige Fingerspiele kennt. Mit den Fingern und den Händen können allerlei Figuren und Gegenstände dargestellt werden. Ein Daumen genügt, und der «Kleine Butzemann» beginnt zu tanzen. Zum Schluß versteckt er sich in der Faust und spitzt zwischen den Fingern heraus:

Ich bin ein kleiner Butzemann,
Im Tal fang' ich zu tanzen an,
Dann klopf' ich kräftig knick und knack,
Nehm's Päckchen lustig huckepack,
Zur Dämmerstunde duck' ich mich,
Durch Gneis und Glimmer schlüpfe ich,
Des Nachts steck' ich die Nas' hinaus,
und lach' die dummen Menschen aus.
(H. Diestel)

Beide Daumen braucht man für Schweinchen fett und Schweinchen dick. Die geschlossenen Finger der beiden Hände bilden erst die Torflügel und dann den Trog. Die Kinder haben viel Spaß an diesem Spiel, wenn sie dazu auch grunzen und quieken dürfen.

Schweinchen fett und Schweinchen dick
blieben heut allein zurück.
Hinterm Tore warten sie
auf ihr Mahl, satt sind sie nie!
Schweinchen fett und Schweinchen dick

recken sich ein ganzes Stück
an dem Tore in die Höh.
Noch kein Futter da? O weh!
Schweinchen fett und Schweinchen dick
ziehen traurig sich zurück.
Doch da öffnet sich das Tor,
und sie stürzen draus hervor.
Schweinchen fett und Schweinchen dick,
welche Wonne, welches Glück!
Seht, ein voller Trog, aha!
steht mit saftgem Futter da!
Schweinchen fett und Schweinchen dick
in dem nächsten Augenblick
stürzen zu dem Troge hin –
plumps, da liegen beide drin.
(Eva Meinerts)

Ebenfalls mit beiden Daumen werden Schnick und Schnack, die Heinzelmännchen dargestellt. Die Hände bilden zusammen einen Sack.

Zwei Heinzelmännchen in meinem Sack,
Das eine heißt Schnick,
Das andere heißt Schnack.
Schnick hat ein Hütchen,
Schnack einen Kranz,
so gehen sie beide zum Hochzeitstanz.
Sie tanzen so manierlich,
Die Schritte sind so zierlich.
Dann gehen Schnick und Schnack,
zurück in ihren Sack.
Der Sack, der hat ein Loch,
Da erzählen sie sich noch.
(aus «Rhythmen und Reime»)

Mit anderen Kinderversen lassen sich nacheinander alle Finger vorstellen.

Das ist der Vater lieb und gut,
das ist die Mutter mit dem Federhut,
das ist der Bruder stark und groß,
das ist die Schwester mit dem Püppchen
auf dem Schoß,
das ist das jüngste Kindelein,
und das soll die ganze Familie sein.
(Eva Meinerts)

*

Linke Hand, die ist der Stall,
die Finger sind die Tiere all.
Dieses dicke Däumelein
ist ein kleines fettes Schwein.
Zeigefinger ist das Pferd,
ist dem Ritter lieb und wert.
Mittelfinger ist die Kuh,
hör nur, wie sie schreit: muh, muh!
Ringfinger ist der Ziegenbock,
hat 'nen langen Zottelrock.
Und das kleine Fingerlein
soll mein liebes Schäfchen sein.
Tiere laufen im Galopp
über Stock und Stein, hopp, hopp,
alle in den Stall hinein,
denn es bricht die Nacht herein.
(Eva Meinerts)

Bei einem anderen Reim führen alle zehn Finger etwas vor. Sie hüpfen und tanzen – und husch, sind sie weg.

Zehn kleine Zappelmänner
zappeln hin und her,
zehn kleine Zappelmänner
finden's gar nicht schwer.
Zehn kleine Zappelmänner
zappeln auf und nieder,
zehn kleine Zappelmänner
tun das immer wieder.
Zehn kleine Zappelmänner
zappeln ringsherum,
zehn kleinen Zappelmännern
scheint das gar nicht dumm.
Zehn kleine Zappelmänner
spielen gern Versteck,
zehn kleine Zappelmänner
sind auf einmal weg.

(aus «Rhythmen und Reime»)

Kniereiter

Kniereiter mögen alle kleinen Kinder. Es macht ihnen Vergnügen, wie ein kleiner Reiter auf dem Schoß eines Erwachsenen zu sitzen, seine Hände als Zügel zu nehmen, auf und ab zu hopsen und sich am Ende vertrauensvoll in die Tiefe plumpsen zu lassen. Sie haben es gerne, wenn sich das gleiche Spiel möglichst oft wiederholt.

Hoppe, hoppe Reiter,
wenn er fällt, dann schreit er.
Fällt er in den Graben,
fressen ihn die Raben.
Fällt er in den Sumpf,
macht der Reiter plumps.

(Volksgut)

*

Ein alter Posthalter
von siebenzig Jahren,
der wollt' mit dem Schimmel
ins Himmelreich fahren.
Der Schimmel, der Schimmel,
der macht trab, trab,
und wirft den alten Posthalter ab.

(Volksgut)

Im Alltag

Wenn kleine Kinder miteinander zanken, dann hilft gutes Zureden kaum. Ein Spruch kann Wunder wirken.

Ich war mal in dem Dorfe,
da gab es einen Sturm,
da zankten sich fünf Hühnerchen
um einen Regenwurm.

Und als kein Wurm mehr war zu sehn,
da sagten alle: Piep!
Da hatten die fünf Hühnerchen
einander wieder lieb.
(Hoffmann v. Fallersleben)

Gutenacht – Geschichten

Beruhigende, undramatische Geschichten, wie sie z.B. im Alltag erlebt werden können, sind vor dem Einschlafen der beste Erzählstoff. Die Kinder lieben es, wenn frei erzählt wird. Die vertraute Stimmung, die dabei entsteht, und die persönliche Zuwendung bedeutet ihnen viel.
Mütter und Väter, die den ganzen Tag über angestrengt gearbeitet haben, fühlen sich oft nicht in der Lage, nun auf einmal eigene Phantasiekräfte zu beleben und Geschichten zu erfinden. Sie alle aber tragen einen ganz persönlichen Schatz von Erzählgut in sich. Es sind die Begebenheiten aus der eigenen Kindheit. Die Kinder finden es spannend, zu hören, was alles geschah, als die Mutter oder der Vater klein waren. An den alltäglichsten Geschehnissen haben sie Freude, vor allem, wenn sie ein wenig stimmungsvoll ausgemalt werden. Erwachsene staunen oft darüber, daß sie doch viel mehr Talent zum Erzählen haben, als sie es sich selbst zugetraut hatten.

Erste Märchen

Im Vorschulalter, also ungefähr vom dritten bis zum siebten Lebensjahr, durchlebt das Kind verschiedene Entwicklungsstufen. Entsprechend seinem Alter ist unterschiedliches Erzählgut geeignet. Da es etwa erst mit vier Jahren die Fähigkeit hat, sich mit Gut und Böse auseinanderzusetzen, wählt man vorher eher einfachen Erzählstoff, der diese Auseinandersetzung noch nicht als bestimmendes Thema hat.
Von den Märchen der Gebrüder Grimm eignen sich für die Drei- bis Vierjährigen z.B. «Der süße Brei» und «Sterntaler». Darüber hinaus gibt es, besonders bei den skandinavischen und osteuropäischen Volkssammlungen, Erzählgut, das für dieses Alter geeignet ist. Dazu gehören Wiederholgeschichten, die eine Folge von Ereignissen aufreihen und wieder zurückverfolgen. Es erscheint höchstens den Erwachsenen als merkwürdig, daß sie an sich widersinnig sind. Kleine Kinder lieben diese Geschichten. Sie freuen sich an ihrem Sprachklang. Aufmerksam verfolgen sie die rhythmischen Wiederholungen. Sie haben ihren Spaß dabei, wenn sie den Erwachsenen gelegentlich auf die Sprünge helfen können. Rhythmische Geschichten, wie z.B. die folgenden, können die Kinder durch die ganze Vorschulzeit begleiten.

«Der Beifußstrauch»

Da stand einmal ein Beifußstrauch. Ein Spatz kam herbeigeflogen. Er setzt sich auf den Beifußstrauch und sagt:
«Beifuß, Beifuß, schaukel mich!»

«Ich schaukel dich nicht!»

«Dann sag' ich's dem Hasen – gleich nagt er dich!
Hase, Hase, nage den Beifuß, der Beifuß schaukelt mich nicht!»

«Ich nage ihn nicht!»

«Dann sag' ich's dem Fuchs, gleich fängt er dich!
Fuchs, Fuchs, fange den Hasen, der Hase nagt den Beifuß nicht, und der Beifuß schaukelt mich nicht.»

«Ich fange ihn nicht!«

«Dann sag' ich's dem Wolf, gleich frißt er dich!
Wolf, Wolf, friß den Fuchs, der Fuchs fängt den Hasen nicht, der Hase nagt den Beifuß nicht und der Beifuß schaukelt mich nicht!»

«Ich fresse ihn nicht!»

«Dann sag' ich's dem Jäger – gleich schießt er dich!«
Jäger, Jäger, schieße den Wolf, der Wolf frißt den Fuchs nicht, der Fuchs fängt den Hasen nicht, der Hase nagt den Beifuß nicht, und der Beifuß schaukelt mich nicht!»

«Ich schieße ihn nicht!»

«Dann sag' ich's dem Strick – gleich bindet er dich!
Strick, Strick, binde den Jäger, der Jäger schießt den Fuchs nicht, der Fuchs fängt den Hasen nicht, der Hase nagt den Beifuß nicht und der Beifuß schaukelt mich nicht!»

«Halt ein!», ruft der Jäger, als er sieht, wie der Strick auf ihn losgeht.
Bevor der Jäger gebunden wird, will er lieber den Wolf schießen.
Bevor der Wolf geschossen wird, will er lieber den Fuchs fressen.
Bevor der Fuchs gefressen wird, will er lieber den Hasen fangen.
Bevor der Hase gefangen wird, will er lieber den Beifuß nagen.
Bevor der Beifuß genagt wird, will er lieber den Spatzen schaukeln. Und er schaukelt ihn hin und her, hin und her, bis der Spatz genug davon hat.

(nach einem Litauischen Märchen)

Hahn Goldkamm und der Wundertopf

Es waren einmal ein Großvater und eine Großmutter, denen rollte, als sie eines Tages Erbsen aßen, eine einzelne Erbse vom Tisch und fiel durch eine Dielenritze in den Keller. Dort begann sie zu wachsen und zu wachsen. Schließlich mußte der Großvater ein Loch in den Fußboden und bald darauf auch ins Dach schlagen, denn die Pflanze wuchs immer weiter, bis an den Himmel.

Eines Tages nahm der Großvater einen Sack und kletterte am Stengel empor, um Schoten zu pflücken. Er kletterte höher und höher und sah auf einer Wolke Hahn Goldkamm. Daneben aber stand ein Topf, golden und blau. Der Alte steckte Hahn Goldkamm und den Topf ein und rutschte am Stengel wieder hinab in die Hütte.

Die Alte ergriff den Topf und drehte ihn um. Da purzelten eine Plinse – so heißt in Rußland ein Eierkuchen – und eine Pastete auf den Tisch. Sie drehte den Topf nochmals um, und wieder fielen eine Plinse und eine Pastete heraus.

Jetzt hatte alle Not ein Ende für die beiden alten Leute. In der Nachbarschaft lebte ein reicher Gutsbesitzer, der hörte von dem Wundertopf und hätte ihn gerne selbst gehabt. Und weil die beiden Alten ihn nicht hergeben wollten, so stahl er ihn.

Hahn Goldkamm tröstete die alten Leute, flog bis zur Pforte des Gutshauses und rief: «Gutsherr, Gutsherr – komm aus dem Haus, rück unser goldblaues Töpfchen heraus. Kikeriki!» Der Gutsherr wurde zornig und befahl seinen Dienern, den Hahn in den Brunnen zu werfen. Der Hahn sprach leise: «Trink, Schnabel, trinke flink!» und trank das ganze Wasser aus. Dann flog er zum Gutsbesitzerhaus zurück und rief erneut sein Sprüchlein. Diesmal wollte man den Hahn ins Feuer werfen. Sobald er jedoch im heißen Ofen saß, krähte er leise: «Spei' Wasser aus, Schnabel, gibt keine Ruh – Schnabel, Schnabel, spei' immerzu!» So löschte der Hahn das Feuer und kehrte sogleich zum Gutshaus zurück, um nach dem Wundertopf zu verlangen.

Nun gab der Gutsherr Befehl, den Hahn mit Säbeln kurz und klein zu hacken. Doch während die Diener ihre Säbel schärften, flog der Hahn auf den Kopf des Gutsherrn und hackte ihn mit dem Schnabel. Dann ergriff er den Topf, flog zu Großvater und Großmutter und rief: «Kikeriki, kikeriki – unser goldblaues Töpfchen ist wieder hie!» (Russisches Märchen)

Der Hahn und das Küken

Mitten im Wald lebten einmal ein Hahn und ein Küken. Der Bauer, dem sie gehört hatten, war gestorben. Sie hatten nichts zu essen. Endlich fanden sie eine winzige kleine Holzbirne. Aber die Kehle des Kükens war noch kleiner, und so blieb ihm die Birne im Hals stecken.
Da rief das Küken:
«Geh schnell, lieber Hahn, bring mir ein wenig Wasser, denn sonst muß ich ersticken.»
Der Hahn lief zum Brunnen.
«Lieber Brunnen, gib mir Wasser, das Wasser bring ich meinem Küken, sonst erstickt es an der Birne.»
«Ich gebe dir kein Wasser», sagte der Brunnen, «solange du mir nicht von einem schönen Mädchen einen Kranz bringst.»
Der Hahn lief zu einem schönen Mädchen.
«Schönes Mädchen, gib mir einen Kranz.»
«Ich gebe dir keinen Kranz», sagte das schöne Mädchen, «solange du mir nicht von der Kuh Milch bringst.»
Der Hahn lief gleich zur Kuh.
«Kuh, gib mir Milch, die Milch bring ich dem schönen Mädchen, das schöne Mädchen flicht einen Kranz, den Kranz bring ich dem Brunnen, der Brunnen gibt mir Wasser, das Wasser bring ich meinem Küken, sonst erstickt es an der Birne.»
«Ich gebe dem schönen Mädchen keine Milch», sagte die Kuh, solange du mir nicht von der Wiese Heu bringst.»
Der Hahn lief weiter zum Feld.
«Wiese, gib mir Heu, das Heu bring ich der Kuh, die Kuh gibt mir Milch, die Milch bring ich dem schönen Mädchen, das schöne Mädchen flicht einen Kranz, den Kranz bring ich dem Brunnen, der Brunnen gibt mir Wasser, das Wasser bring ich meinem Küken, sonst erstickt es an der Birne.»
«Ich gebe dir kein Heu», sagte die Wiese, «solange du nicht in den Laden gehst, um eine Sense zu holen.»
Der Hahn lief zum Laden.
«Laden, gib mir eine Sense, die Sense bringe ich der Wiese, die Wiese gibt mir Heu, das Heu bringe ich der Kuh, die Kuh gibt mir Milch, die Milch

bringe ich dem schönen Mädchen, das schöne Mädchen flicht einen Kranz, den Kranz bringe ich dem Brunnen, der Brunnen gibt mir Wasser, das Wasser bringe ich meinem Küken, sonst erstickt es an der Birne.»
«Ich gebe dir keine Sense», sagte der Laden, «solange du mir nicht Geld bringst.»
Da wurde der arme Hahn sehr traurig, er lief zum Misthaufen und begann zu scharren, dort fand er einen Kreuzer, den Kreuzer brachte er zum Laden, so bekam er eine Sense, die Sense brachte er der Wiese, so bekam er Heu, das Heu legte er vor die Kuh, die Kuh gab ihm Milch, die Milch trug er zum schönen Mädchen, das schöne Mädchen flocht einen Kranz, den Kranz brachte er zum Brunnen, der Brunnen gab ihm Wasser, das Wasser brachte er schnell dem Küken, gerade rechtzeitig, denn beinahe wäre das Küken erstickt. Es schluckte aber Wasser, das Wasser spülte die Birne hinunter, das Küken bekam wieder Luft, und da es Luft bekam, lebt es, wenn es nicht gestorben ist, noch heute.

(Ungarisches Märchen)

Volksmärchen

Die Volksmärchen aus der Sammlung der Gebrüder Grimm vermitteln den Kindern bildhaft tiefe geistige Wahrheiten. Mit einem ungewöhnlich reichhaltigen Wortschatz werden sachlich, ohne jede Verkünstelung, menschliche Entwicklungswege gezeigt. Das Kind durchlebt in seiner Vorstellungswelt die Prüfungen des oder der Helden, es hofft und bangt mit ihnen durch alle Schicksalsschläge hindurch. Es atmet auf, wenn letztendlich das Gute siegt und das Böse gestraft wird. In den Volksmärchen erlebt das Kind Moralität. Das Gute, das Wahre, das Edle treten vor Augen. In seinem Buch «Kinder brauchen Märchen» hebt Bruno Bettelheim die moralische Grundhaltung der Märchen deutlich hervor: «Nicht die Tatsache, daß die Tugend am Ende siegt, fördert die Moral, sondern, daß der Held am attraktivsten ist. Das Kind identifiziert sich mit dem Helden ... diese Identifikation vollzieht das Kind von sich aus. Die inneren und äußeren Kämpfe des Helden bilden seine Moral.»
Geschichten und Märchen, die man den Kindern im Vorschulalter erzählt, müssen nicht ständig neu ausgewählt werden. Die Kinder brauchen nicht so häufig Abwechslung wie der Erwachsene. Wenn ein und dasselbe Märchen mehrere Tage hintereinander erzählt wird, können sie sich von Mal zu Mal mehr mit seinem Inhalt verbinden. Sie werden immer wieder etwas Neues daran entdecken. Ein Kind wird ein bekanntes Märchen niemals als «langweilig» abwerten, solange der Erwachsene das selbst nicht tut. Sein Vorbild wirkt! In der heutigen Zeit, in der kleine Kinder sehr vielen rasch wechselnden Eindrücken ausgesetzt sind, in der sich Rastlosigkeit und Unruhe nur mit Mühe von ihnen fernhalten lassen, sind wiederholt erzählte Märchen nicht nur eine Wohltat, sondern eine Notwendigkeit für sie.

«Erzählst du mir was?»

Zum Erzählen braucht man Muße und eine ungestörte, aus dem Alltag herausgehobene Atmosphäre. Es hängt ganz wesentlich vom Erwachsenen selbst ab, ob es gelingt, eine gemütvolle Erzählstimmung zu entfalten. Er braucht dafür nicht nur Zeit, sondern auch innerliche Ruhe. Das Erzählen wird ihm am besten gelingen, wenn er selbst Freude daran findet, sich in die Bilder eines Märchens, einer Geschichte hineinzuversetzen.

Bei einer erfahrenen Märchenerzählerin, bei der es an gewissen Tagen der Woche «Märchenstunde» gab, konnte man erleben, wie die Gelassenheit, die von ihr ausging, im ganzen Raum Ruhe verbreitete. Wenn die ganze Kinderschar rings um sie versammelt war, dann dauerte es noch ein Weilchen, bis sie anfing. Man erfuhr erst, ob es ein «dickes» oder ein «dünnes» Märchen sein würde und wie es heiße. «Ach, das kenn ich schon!», rief eines der Kinder. Davon aber ließ sich die Dame überhaupt nicht beirren. «Wie schön», sagte sie, «dann darf ich heute einmal zuhören und du erzählst.» Das wollte das Kind dann doch lieber nicht. Bevor die Märchenerzählerin nun begann, guckte sie noch einmal in die Runde. Sie suchte mit ihren Augen die Augen der Kinder. Es war mucksmäuschenstill. Jedes Märchen stimmte sie mit den gleichen Worten ein: «Es war einmal – oder es war nicht … aber, es muß doch wohl gewesen sein, irgendwo, weit weit weg … da gab es einmal …»

Ohne Vorbereitung ist es oft nicht so leicht, in Märchenstimmung zu kommen. Viele Menschen empfinden es als hilfreich, wenn sie erst einmal auch äußerlich durch diese oder jene Handreichung eine Atmosphäre der Geborgenheit schaffen: Die Vorhänge, die ein wenig zugezogen sind, einige zarte Töne oder eine Melodie auf einer Kinderharfe, einem Glockenspiel – vielleicht eine brennende Kerze. Auch mit einem kleinen Reim kann man die Kinder aus dem Alltag in die Märchenwelt geleiten:

Surre, surre Rädchen,
spinne mir ein Fädchen,
Fädchen will ich spinnen,
das Märchen soll beginnen.
(Volksgut)

Oft wollen die Kinder eine Geschichte hören, wenn der Erwachsene überhaupt keine Zeit hat zu erzählen. Er kann sie dann wenigstens mit einem Neckmärchen erfreuen:

Es war einmal ein Großväterchen. Und der wohnte im Wald. Einmal ging er in dem Wald spazieren und fand ein schönes Trühlein. Und er ging weiter – da fand er einen Schlüssel. Das Trühlein sperrte er auf. Darin war ein schönes Pelzchen. Er zog es an, da war es ihm zu kurz.
Wäre es länger gewesen, dann wäre auch die Geschichte länger gewesen.

(Tschechisches Märchen)

*

«Es war einmal ein Männchen,
das kroch ins Kännchen,
dann kroch es wieder 'raus,
da war die Geschichte aus.»

(Volksgut)

Das Puppenspiel

Eine eigene Art des Erzählens ist das Puppenspiel. Reime, Geschichten oder Märchen werden dabei mit Hilfe von Figuren (Puppen) dargestellt. Der Spieler ist sichtbar. Er führt die Figuren über die Spiellandschaft.
Das Puppenspiel kommt im besonderen dem Bildhunger der Kinder entgegen. Im Vorschulalter, wenn sie ganz davon beseelt sind, nachzutun, was sie ringsum erleben, brauchen sie echte, greifbare Bilder, mit denen sie sich verbinden können. Durch das Fernsehen werden sie nicht vermittelt!
Ebenso wie bei Märchen und Geschichten ist es auch bei Puppenspielen nicht wichtig, daß es häufig Abwechslung gibt. Es muß nicht immer etwas Neues vorbereitet werden. Über Tage und Wochen kann das gleiche Spiel gespielt werden.
Die Bedürfnisse der Kinder sind völlig verschieden von denen der Erwachsenen. Während diese eher bestrebt sind, etwas Neues kennenzulernen, brauchen die Kinder die Wiederholung. An ihren Äußerungen wird das manchmal deutlich: «Noch!», «Nochmal!», rufen sie, wenn ihnen etwas gefallen hat.

Aufbau der Spiellandschaft

Puppenspiele werden mit einfachsten Mitteln aufgebaut. Technische Raffinessen, effektvolle Schauspielerei oder komplizierte Figuren sind nicht nötig.
Zum Aufbau eines Puppenspiels braucht man verschiedenfarbige Spieltücher und einige Naturmaterialien. Mit Tüchern lassen sich, je nach Farben, Acker, Wiese, Bächlein oder See gestalten. Eine Unterfüllung erhebt den Berg über das Tal. Henkellose Körbe, die in ein einfarbiges Tuch eingeschlagen werden, dienen als Häuschen oder als Schloß. Ein Tuch darüber verhängt den Eingang. Verschiedene Zweige oder Zapfen

werden zu Bäumen. Astscheiben können Baumstümpfe, Tische, Mühlräder etc. sein. Mit Steinen lassen sich Mauern und Felsen aufbauen.
Wenn eine solche einfache Spiellandschaft vorbereitet ist, werden – noch vor Beginn des Spiels – die Stehpuppen und die Spieltiere (s.a. Kap. 3) auf die Bühne gebracht. Sie warten im Häuschen, im Wald, hinter dem Berg – wo immer von ihnen die Rede ist. Wenn nun über allem noch eine Märchenwolke (z.B. ein großes dünnes Seidentuch) liegt, bleibt das, was der Erwachsene vorbereitet hat, noch ein Geheimnis, das erst gelüftet wird, wenn das Spiel beginnt.

Einfache Puppenspiele

Ein Erwachsener, der sich in die Gestaltung von Puppenspielen hineinleben will, wählt am besten einen kürzeren Text, den er sich merken kann. Wenn er mit einem Stück vertraut ist, kann er es auch alleine spielen. Einige Kinderlieder (z.B. Hänschen klein) oder auch Kindergedichte (siehe Beispiele) eignen sich dafür. Ruhe und Gelassenheit sind bei Puppenspielen eine Notwendigkeit. Erst dann wirken die mit einfachsten Mitteln vorbereiteten Figuren bildlich wahrhaftig.
Für die beiden nachfolgenden Puppenspiele wird auf dem Tisch oder auf dem Boden eine einfache «Bühne» aufgebaut. Aus farbigen Spieltüchern läßt sich eine Landschaft mit Berg und Tal bilden. Mehrere Steine sind die Felsen. Aus Kiefernzapfen und Wurzelbäumen kann ein Wald entstehen.

Die Riesen können aus rechteckigen Spieltüchern (ca. 80 / 150 cm) geknotet werden. An dem nebenan bezeichneten Punkt nimmt man das Tuch zwischen die Finger und knüpft einen Knoten. Er bildet den Kopf. Die vier Stoffenden werden ebenfalls geknotet. Sie bilden die Hände und die Füße. Ein Zwerg entsteht z.B. aus einem Taschentuch aus möglichst dünnem Stoff. Er wird im Mittelpunkt zusammengenommen und so geknotet, daß eine Stoffspitze nach oben zeigt.

Vom Riesen

Es war einmal ein Riese,
der hatte kalte Füße.
Einst lief er in das Tal hinab
und ging die Straße auf und ab,
rief: «Leute, Leute, hört ihr mich?
Ich friere heut' ganz fürchterlich.
Ist niemand in der ganzen Stadt,
der Riesenstrümpfe für mich hat?»

Da springt ein kleiner Zwerg herbei,
der weiß schon, wie zu helfen sei:
Er schleppt zwei große Stücke Tuch,
die sind dem Riesen gut genug.
Flink bind't er ihm die Füße ein.
Der Reise geht zufrieden heim.

Klumpedump und Schnickelschnack

Klumpedump und Schnickelschnack
Gehen auf die Reise,
Schleichen mit dem Silbersack
Auf den Zehen leise,
Denn es wohnt in diesem Wald,
Ach, der Riese Ungestalt!

Klumpedump und Schnickelschnack
Gehn auf zarten Sohlen,
Sonst wird sie mit Sack und Pack
Gleich der Riese holen.
Eben schnarcht er, daß es kracht,
Schnell vorbei, eh er erwacht!

Klumpedump und Schnickelschnack
Scheinen fast zu schweben,
Mit dem Säckchen huckepack
Laufen sie ums Leben.
Eben gähnt mit lautem Ton
Tief im Wald der Riese schon.

Klumpedump und Schnickelschnack
Stehen vor dem Berge,
Rasch hinein mit Sack und Pack
Schlüpfen unsre Zwerge.
Und der Riese mit Gebrumm
Sucht im ganzen Wald herum.
Tapst und grapst mit grober Hand
Nach Gestrüpp und Wurzeln,
Rüttelt an der Bergeswand,
Daß die Steine purzeln.
Sucht mit Krach und Knick und Knack
Klumpedump und Schnickelschnack.

Steckt den dicken Zottelkopf
In die Felsenritze.
Stolpert, fällt, der plumpe Tropf,
Auf die Nasenspitze!
Ei, verflixtes Zwergenpack,
Klumpedump und Schnickelschnack!

Mit Gehumpel und Gebrumm
Wandert er von dannen,
Reibt die Nase, schaut nicht um,
Stapft durch schwarze Tannen –,
Sicher sind mit ihrem Sack
Klumpedump und Schnickelschnack!

(H. Diestel)

Weitere Puppenspiele

Neben Kinderliedern und Gedichten lassen sich auch Geschichten, Märchen und gereimte Erzählungen als Puppenspiel darstellen. Bei umfangreicheren Texten ist es einfacher, wenn sich mindestens zwei Erwachsene dafür zusammenfinden, wobei der eine dann vorlesen und der andere entsprechend dazu die Figuren führen kann. Einen harmonischen Rahmen bekommt die Aufführung, wenn zu Beginn und auch zum Schluß etwas Musik gemacht wird. Auf einem einfachen pentatonischen Instrument, z.B. einer Kinderharfe oder einem Glockenspiel, ist das ohne musikalische Vorkenntnisse jedem Erwachsenen möglich. Die zarten Töne dieser Instrumente helfen den Kindern und auch den Erwachsenen, das Puppenspiel einzustimmen und auch ausklingen zu lassen.

Bibberlein und Hutzelbein

Unser Entlein Bibberlein
Wandert in die Welt hinein.
Kommt das Fröschlein Hutzelbein:
«Darf ich mitgehn, Bibberlein?»
Sagt das Entlein Bibberlein:
«Setz dich auf mein Schwänzelein.»

Bibberlein und Hutzelbein
Wandern in die Welt hinein.
Kommt der große Mühlenstein:
«Darf ich mitgehn, Hutzelbein?»
Sagt das Fröschlein Hutzelbein:
«Setz dich auf mein Schwänzelein!»

Bibberlein und Hutzelbein
Und der große Mühlenstein
Wandern in die Welt hinein.
Kommt die Kohle rot und klein:
«Darf ich mitgehn, Mühlenstein?»
Sagt der große Mühlenstein:
«Setz dich auf mein Schwänzelein!»

Bibberlein und Hutzelbein
Und der große Mühlenstein
Und die Kohle rot und klein
Wandern lustig und geschwind
Bis sie an dem Flusse sind.

O, wie schön schwimmt Bibberlein.
O, wie schön schwimmt Hutzelbein!
Doch der große Mühlenstein
Fällt ins Wasser – platsch – hinein.
Auch die Kohle, rot und klein,
Fällt ins Wasser – platsch – hinein!
Ruft die Ente: «Paak – paak – paak,»
Ruft das Fröschlein – «quak – quak – quak!»
«Lachen wir die beiden aus:
Bleibt das nächste Mal zu Haus!»

(H. Diestel)

Die drei Hühnchen

Hühnchen Weiß
(die Mutter): «Hühnchen Grau, nun bring mir Streu,
Grünes Gras und gutes Heu,
Lauf, mein Kindchen in den Wald,
Komm zurück nach Hause bald!»

Hühnchen Grau geht ganz allein,
Über Stock und über Stein,
Sucht am Wege hin und her,
Wo das schönste Gräslein wär'!

Papiermüller: «Hühnchen Grau, oh, geh fein sacht,
Nimm dich vor dem Wolf in acht!
Der hat Zähne, scharf und spitz,
Kommt gesprungen wie ein Blitz!»

Hühnchen Grau: «Lieber Müller, baue mir
Hier ein Häuschen aus Papier!
In das Haus schließ' ich mich ein,
Und der Wolf kann nicht hinein!»

Papiermüller: «Gern, mein Hühnchen, bau' ich dir
Gleich ein Häuschen aus Papier!»

Hühnchen Grau: «Weh, da kommt der Wolf, o Graus!
Schnell versteck' ich mich im Haus!»

Wolf: «Das Papier zerreiß' ich schnell,
Fress' das Hühnchen auf der Stell'! –
So, es liegt in meinem Bauch,
Schlafen will ich unterm Strauch!»

Hühnchen Weiß: «Kommt mein Kindchen nicht nach Haus?
Ängstlich schau' ich nach ihm aus!
Hühnchen Schwarz, nun geh und schau,
Suche mir das Hühnchen Grau!»

Hühnchen Schwarz geht ganz allein
Über Stock und über Stein.
Sucht im Walde hin und her,
Wo das graue Hühnchen wär.

Schreiner: «Hühnchen Schwarz, nun geh fein sacht,
Nimm dich vor dem Wolf in acht,
Der hat Zähne, scharf und spitz,
Kommt gesprungen wie ein Blitz!»

Hühnchen Schwarz:
«Schreiner, ach ich bitte dich,
Bau ein Haus aus Holz für mich!
In das Haus schließ' ich mich ein,
Und der Wolf kommt nicht hinein!»

Schreiner: «Gerne hol' ich Holz herbei,
Bau das Häuschen, eins zwei drei!»

Hühnchen Schwarz:
«Weh, da kommt der Wolf, o Graus!
Schnell versteck' ich mich im Haus!»

Wolf: «Ei, das Holz zerbrech' ich schnell,
Fress' das Hühnchen auf der Stell'! –
So, es liegt in meinem Bauch,
Schlafen will ich unterm Strauch!»

Hühnchen Weiß: «Wo sind meine Kinderlein?
Ach, ich leide Angst und Pein!
Will nun selbst zum Walde gehn
Und nach meinen Hühnchen sehn!»

Hühnchen Weiß geht ganz allein
Über Stock und über Stein,
Sucht im Walde hin und her,
Und das Herz ist ihm so schwer!

Schmied: «Hühnchen Weiß, nun geh fein sacht,
Nimm dich vor dem Wolf in acht!
Der hat Zähne, scharf und spitz,
Kommt gesprungen wie ein Blitz!»

Hühnchen Weiß: «Lieber Schmied, ach bau mir fein
Ein starkes Haus aus Eisen rein!
In das Haus schließ ich mich ein,
Und der Wolf kommt nicht herein.»

Schmied: «Gern mein Hühnchen baue ich
Nun ein eisern Haus für dich.»

Hühnchen Weiß: «Weh, da kommt der Wolf, o Graus!
Schnell versteck' ich mich im Haus!»

Wolf: «Welch ein Häuschen, ei ei ei!
O, das brech' ich gleich entzwei!
Weh, das ist so fest wie Stein,
Ach, da komm ich nicht hinein!
Müde und mit leerem Bauch
Will ich schlafen unterm Strauch!»

Hühnchen Weiß: «Ja, mach nur die Augen zu –
Jetzt komm' ich, du Böser du!
Mit dem Schnabel, scharfgespitzt,
Wird dein Bäuchlein aufgeschlitzt!
Da – wer schlüpft heraus? O schau –
Hühnchen Schwarz und Hühnchen Grau!
Kinderlein, nun seid ihr frei.
Laßt uns tanzen, hei juchhei!
Kommt, wir gehn zum guten Schmied,
Singen ihm ein Freudenlied:
Für dein Häuschen fest und blank
Sagen wir von Herzen Dank!» (H. Diestel)

Kinder spielen Puppenspiele

Die Pflege des Puppenspiels wird in unserer Zeit immer notwendiger. Es kann, über die vergnügliche Vorführung hinaus, auch außerordentlich anregend auf die Spiele der Kinder wirken. Dadurch, daß sowohl die «Bühne» als auch die Puppen sehr schlicht gestaltet sind, erleben sie bildlich, wie eine Spiellandschaft aussehen und bespielt werden kann. Auch für Kinder, die häufig nicht wissen, was sie anfangen sollen, können Puppenspiele eine Hilfe sein, in die Eigentätigkeit hineinzufinden. Eine gelegentliche Aufführung genügt kaum, um Spielimpulse auszulösen. Erst die Wiederholung, das immer wiederkehrende Vorbild kann auf die Dauer wirksam sein. Wenn es nach den Kindern ginge, sie würden am liebsten jeden Tag ein Puppenspiel sehen. Wenn sie selbst eines aufbauen, dann sind ihnen die Vorbereitungen wichtiger als das Spiel selbst. Es dauert, bis alles hergerichtet ist. Manchmal werden auch Eintrittskarten angefertigt. Kinder haben es gerne, wenn es dann auch Zuschauer gibt. Während des Spiels muß meistens noch Verschiedenes herbeigeholt werden. Eine reichhaltige Ausrüstung von Figuren ist nicht unbedingt erforderlich. Vieles kann improvisiert werden. Die Freude am Spiel ist wichtig, nicht die perfekte Aufführung.
Martin (4 1/2 J.) hatte bei einem Kinderfest ein Puppenspiel gesehen. Zu Hause wollte er es nachspielen. Erstaunlich gut konnte er sich dabei an Verschiedenes erinnern. Er hatte nur wenige Figuren, doch das hinderte ihn nicht an seinem Vorhaben. Mit einigen Tüchern bereitete er auf dem Boden eine Bühne vor, dann kam er zur Mutter: «Jetzt brauch' ich noch drei Tauben!», sagte er. Er war zufrieden, als sie ihm half, aus Papierservietten Vögel zurechtzuzupfen. Während des Spiels fiel ihm ein, daß auch der Zauberer noch fehlte. Der war gleich zur Stelle. Ein geknotetes Tuch genügte dafür. Der Bub führte es ohne weiteres als Zauberer über die Bühne.

8

Gründung einer Spielgruppe

Zusammenfinden der Mütter und Väter

Die Aufgaben der Erzieher haben sich gewandelt. Anders als früher ist es heute notwendig, sich um Spielkameraden für die eigenen Kinder zu kümmern. Die räumliche Dichte, in der man lebt, hat nicht gleichzeitig zu engeren zwischenmenschlichen Beziehungen geführt, und dennoch haben viele Menschen den Wunsch, Kontakt zu anderen aufzunehmen, besonders, wenn Kinder da sind. Mütter und Väter sind von sich aus meistens sehr aufgeschlossen, mit anderen Familien ins Gespräch zu kommen. Man steht mit seinen Fragen nicht alleine, und man kann Erfahrungen austauschen. Auch für die soziale Entwicklung der Kinder, die häufig einzeln, ohne Geschwister aufwachsen, ist es notwendig, Umgang mit Gleichaltrigen zu haben.

Nicht immer kann ein Kindergarten in Anspruch genommen werden: Es gibt keine freien Plätze – das Kind ist noch nicht reif dafür – der Weg dorthin ist zu weit – das Angebot entspricht nicht den eigenen Vorstellungen – das Kind verkraftet die große Gruppe nicht, oder man möchte es nicht jeden Tag von zu Hause fortgeben.

Eine alternative Begegnungsform kann eine Spielgruppe sein. Sie ermöglicht ein soziales Miteinander von Kindern und auch von Eltern. Sie erfordert jedoch meistens eine persönliche Initiative, da es kaum bestehende Spielgruppen gibt, an die man sich anschließen könnte. Ein oder zwei Erwachsene müssen den Anfang machen und von sich aus Kontakt zu anderen Familien aufnehmen. Wo er nicht schon durch den Freundes- oder Bekanntenkreis gegeben ist, muß er erst aufgebaut werden. In der Regel ist das auch in Großstädten kein Problem. Mütter und Väter, die dafür aufgeschlossen sind, brauchen nur auf die Spontaneität ihrer eigenen Kinder zu vertrauen. Die Unbefangenheit, mit der die Kleinen auf andere zugehen können, hilft den Erwachsenen, untereinander Beziehungen aufzunehmen. Bewährte Kontaktbörsen sind z.B. Spielplätze. Hier zeigt der Umstand, daß man kleine Kinder heute kaum noch unbetreut zum Spielen hinausschicken kann, seine erfreuliche Nebenwirkung darin, daß Mütter und Väter Gelegenheit haben, miteinander ins Gespräch zu kommen.

Eltern, die sich zu einer Spielgruppe zusammengefunden haben, können ohne größeren Aufwand mit ihrer Arbeit beginnen. Sinnvoll ist es jedoch, sich über das Anliegen der Initiative zu verständigen und nach Vereinbarungen zu suchen, die für alle annehmbar sind. Verschiedenes muß geklärt werden: Wer wird die Spielgruppe betreuen, wo wird sie stattfinden, wie groß wird die Gruppe sein, wie läuft ein Spielgruppenvormittag ab, wann und wie lange werden die Kinder zusammenkommen, wer kann sonstige Aufgaben übernehmen.

Die Betreuung der Spielgruppe

Anliegen

In Spielgruppen für Vorschulkinder, die oft als Alternative zu einem Kindergarten entstehen, haben die Kinder nicht nur Gelegenheit, mit Gleichaltrigen zusammenzutreffen, sie können auch verschiedene Anregungen erfahren. Die beteiligten Mütter und Väter, besonders aber die Spielgruppen-Mutter, können dazu beitragen, das freie phantasievolle Spiel zu pflegen (s.a. Kap. 2) und über alles Künstlerische, Schöpferische und Musikalische hinaus auch den Märchen und Puppenspielen ihren besonderen Stellenwert einzuräumen (s.a. Kap. 7). Feste, die in den Gruppen gefeiert werden, sind immer wieder Höhepunkte.

Betreuung

Zeit, Geduld und Liebe im Umgang mit den Kindern - wer diese Voraussetzungen mitbringt, kann eine Spielgruppe gründen. Da meistens Mütter, die beruflich nicht gebunden sind, diese Aufgabe übernehmen, ist nachfolgend nur von der Spielgruppen-Mutter die Rede. Selbstverständlich können auch Väter eine Spielgruppe führen.
Die Kinder können sich leichter in die Gruppe hineinfinden, wenn sie jeweils nur von einem Erzieher betreut werden. Sobald mehrere Erwachsene gleichzeitig zugegen sind, ist nicht zu verhindern, daß ihre Anwesenheit – unbeabsichtigt – dominierend wirkt. Wenn z.B. ein kleines Kind nicht mit einem anderen zurechtkommt, erhofft es gleich den Beistand seiner Mutter oder seines Vaters. Es wird dann unnötig oft in das Spielgeschehen eingegriffen.

Räumlichkeiten

Eine Spielgruppe kann in jeder Familienwohnung zusammenkommen. Es ist auf keinen Fall nötig, eigene Räumlichkeiten anzumieten, denn es liegt nicht im Sinne der Initiative, so etwas wie einen gut ausgerüsteten Berufskindergarten zu schaffen. Eine Etagenwohnung mitten in der Stadt eignet sich ebenso wie ein Häuschen mit Garten. Das wichtigste ist eine liebevolle, kindgerechte Atmosphäre.
Für eine Spielgruppe mit etwa sechs Kindern genügt ein größerer Raum. Wenn das Kinderzimmer oder das Wohnzimmer sehr klein sind, kann – je nach Gegebenheit – vielleicht noch ein größerer Flur genutzt werden. Wenn die Spielgruppe im Wohnzimmer stattfindet, muß meist umgeräumt werden, damit es Platz zum Spielen und auch für Reigen gibt. Alles, was gefährlich werden könnte oder was zerbrechlich ist, wird aus dem Weg geräumt. Überflüssige Möbel, wie z.B. große Sessel, empfindliche Stühle oder Kleinmöbel, lassen sich einstweilen in ein anderes Zimmer schieben. Offen stehende technische Geräte, wie z.B. TV, deren Anblick auf manche Kinder so verlockend wirkt, daß sie den harmonischen Fortgang der Spielgruppe beeinträchtigen, könnten vorübergehend mit Tüchern abgedeckt werden.
Spielgeräte, die nur einmal vorhanden sind, wie z.B. Schaukel oder Schaukelpferd, werden sinnvollerweise einstweilen entfernt, da sie oft genug Anlaß zum Streit geben. Wenn ein Kind schaukelt, wollen es alle tun. Jeder ist bestrebt, endlich auch an die Reihe zu kommen. Die Kinder finden gar nicht richtig ins gemeinsame Spiel.
Wünschenswert ist es, daß den Kindern mindestens ein bis zwei niedrige Tische mit unempfindlicher Platte zur Verfügung stehen, an denen sie spielen, malen, basteln und auch essen können. Wo nicht genug niedrige Stühlchen vorhanden sind, kann man sich gegebenenfalls mit Polstern oder Kisten behelfen.
Die Kinder kommen gerne in eine Wohnung, die Heimeligkeit ausstrahlt. Viele Kleinigkeiten können dazu beitragen. Helle Glöckchen über der Eingangstür, die klingeln, wenn man hereinkommt, ein Wandbild aus Märchenwolle, frische Blumen, Zweige oder schöne Blätter, eine Jahreszeiten-Ecke, auf der z.B. der jeweiligen Jahres- oder Festeszeit entsprechend ein Bild, besonderer Schmuck oder kleine «Schätze» aus der Natur Platz finden können.

Gruppengröße

Eine Spielgruppe wird kaum mehr als zehn Teilnehmer haben, sie kann dann in jeder Wohnung stattfinden. Die Gruppengröße richtet sich nach den Möglichkeiten der Betreuerin und nach den Räumlichkeiten. Mit mindestens zwei Kindern kann bereits eine Spielgruppe gegründet werden. Sie läßt sich erweitern, sobald man sich etwas sicherer fühlt. Vier bis sechs Kinder – einschließlich der eigenen – sind zu Beginn der Initiative genug. So hat die Spielgruppen-Mutter Gelegenheit, sich jedem Kind zu widmen, und kann sich selbst auch müheloser in die neue Aufgabe hineinfinden.

Alter der Kinder

Wie die Mädchen und Buben dem Alter nach zusammenpassen, das muß individuell abgestimmt werden. Im allgemeinen sind Kinder frühestens ab drei Jahren gruppenfähig. Man kann dann aber noch nicht von ihnen erwarten, daß sie z.B. stillsitzen, wenn erzählt wird, oder daß sie aufmerksam an einem Spiel teilnehmen. Die Größeren fühlen sich dadurch manchmal gestört.

Gruppenzeit

Als Spielgruppen-Zeit ist am besten der Vormittag geeignet. Die Kinder sind dann ausgeruht. Wie lange sie beieinander bleiben, das hängt von den Bedürfnissen der Beteiligten ab. Eine Spielgruppe, in der Kinder berufstätiger Eltern zu betreuen sind, wird von morgens bis mittags geführt werden. Wo nicht die Notwendigkeit besteht, die Kinder täglich mehrere Stunden unterzubringen, kann die Initiative bescheiden beginnen und nach und nach ausgedehnt werden. Da sowohl für die Betreuerin als auch für die Kinder die Spielgruppe zunächst noch ungewohnt ist und sich alle erst in die neue Situation einleben müssen, erscheint es vielfach günstiger, noch nicht den ganzen Vormittag einzuplanen. Für

eine Kindergruppe in der Stadt, die z.B. in einer Etagenwohnung zusammenkommt und für die sich nicht die Gelegenheit bietet, in unmittelbarer Nähe ins Freie zu gehen, sind, zumindest für den Anfang, zwei Stunden meist ausreichend.
Es wird im Sinne aller Beteiligten liegen, daß die Spielgruppe möglichst kontinuierlich geführt wird und daß man sich darauf verlassen kann. Es ist daher notwendig, beabsichtigte Urlaubs- oder Ferienzeiten immer rechtzeitig zu besprechen, damit sich alle darauf einrichten können.

Ausstattung

Naturmaterial

Eine Spielgruppe, die mit dem Anliegen geführt wird, die Kreativität und die Phantasie der Kinder zu unterstützen, kommt mit wenig Spielzeug aus (s.a. Kap. 3). Naturmaterialien wie Holzklötze, Kastanien, Eicheln etc. sind oft schon vorhanden. Die Kinder helfen gerne, es nach und nach zu ergänzen. Wenn die Spielgruppen-Mutter gelegentlich Glitzersteinchen, Zapfen, Wurzeln oder andere Dinge von Spaziergängen mitbringt und auch etwas Einstimmendes zu erzählen weiß, kann sie die Nachahmungsfreude wecken. Beim nächsten Ausflug mit den Eltern werden die Kinder vielleicht auch etwas Schönes entdecken.

Tücher

Eine Grundausstattung in den Farben braun, grün, blau, gelb, rot und weiß ist für jede Spielgruppe zu empfehlen. Sie kann im Laufe der Zeit aufgestockt werden. Sehr schön ist es, besonders auch für Puppenspiele, wenn Seidentücher dazukommen. Einfache Pongé-Seide ist gut geeignet. Sie ist in den verschiedensten Farbtönen erhältlich (vgl. Bezugsquellenverzeichnis).

Spielzeuge

Puppen, Stehpuppen, Zwerge, einfache Spieltiere aus Wolle oder Holz können, sofern sie nicht von den eigenen Kindern vorhanden sind, nach und nach «Einzug» in die Spielgruppe finden.

Reibeisen

Sogenannte Muskatreiben sind ein so begehrtes Spielwerkzeug, daß es am besten ist, für jedes Kind ein kleines Reibeisen vorzusehen. Es lassen sich Kastanien, Rinden und Eicheln darauf reiben. Kleine Holzbretter als Unterlage sind wünschenswert.

Gestaltungsmaterial

Knetwachs, Wachskreiden, Farben, Pinsel und Papier werden zum schöpferischen Gestalten gebraucht (s.a. Kap. 4).

9

Spielgruppen-Betreuung, Kinder, Mütter und Väter

Die Spielgruppen-Mutter

Die Spielgruppen-Mutter übernimmt während der Gruppenzeit die Rolle einer Erzieherin. Sie ist dann Bezugsperson und auch Vorbild für ihre Schützlinge. Sie braucht das unbedingte Vertrauen aller Eltern! Während der Gruppenzeit muß sie sich wirklich ganz den Kindern widmen können. Sie suchen ihre Zuwendung, und sie wollen angenommen werden, so wie sie sind. Die Gemütsstimmungen der Betreuerin übertragen sich auf die Kinder. Ihre Heiterkeit wirkt belebend, und alles, was sie tut, regt zur Nachahmung an.
Während der ersten Spielgruppen-Tage müssen sich die Kinder erst eingewöhnen. Sie kennen einander noch nicht so gut, das Spielmaterial ist anders als zu Hause, sie haben vielleicht noch niemals erlebt, was sich mit Tüchern, mit Zapfen, mit Asthölzern, Wurzeln, Kastanien etc. alles anfangen läßt. Da es für manche Kinder gar nicht so leicht ist, in der ungewohnten Umgebung ein Spiel zu beginnen oder zusammen mit anderen etwas aufzubauen, sind Anregungen sehr willkommen. Auf verschiedenste Weise können die Kinder motiviert werden. Wenn sie am Morgen überhaupt nicht wissen, was sie anfangen sollen, gilt es, ihre Freude an der Nachahmung und am Mittun zu wecken (s.a. Kap. 2). Die Spielgruppen-Mutter kann sich z.B. um die Puppen sorgen, ihnen die Kissen und Decken aufschütteln, ein frisches Kleidchen heraussuchen usw. Sie kann das Schäfchen holen, ihm eine Tränke bereiten und eine Weide aufbauen und ringsherum eine ganze Landschaft gestalten. Bei anderer Gelegenheit finden die Kinder es spannend, zu erleben, wie sie behutsam nach den Zwergen schaut. Einige spitzen hervor, manche sind versteckt. Vielleicht kommt der eine oder andere und will bei den Spielen der Mädchen und Buben dabeisein.
Natürlich wäre es nicht sinnvoll, kurz hintereinander verschiedene Vorschläge zu beginnen. Besser ist es, ganz in Ruhe mal diese, mal jene Anregung zu geben. Meist dauert es nicht lange, bis die Kinder mitmachen und eigene Ideen entwickeln. Wenn sie alleine zurechtkommen, bleibt die Spielgruppen-Mutter dennoch in ihrer Nähe. Auch wenn sie

nun etwas vorbereitet, was für die Spielgruppe gebraucht wird – immer gibt es etwas zu basteln, zu nähen etc. –, kann sie aufmerksam sein für das, was die Kinder ihr zeigen oder erzählen wollen.

Es gibt immer wieder Kinder, die trotz aller Anregungen schwer in ein Spiel hineinfinden. Sie bleiben am liebsten neben der Spielgruppen-Mutter und schauen zu. Aufmunterungen, wie: «Schau doch mal, wie schön die andern spielen!» «Möchtest du nicht auch …?», vermögen sie nicht aus ihrer Zurückhaltung zu locken. Sie verfolgen aber meist sehr aufmerksam das Geschehen ringsum. Oft spielen sie dann am Nachmittag zu Hause nach, was sie am Vormittag erlebt haben. Kinder, die in der Gruppe schwer aus der Reserve kommen, brauchen Zeit, bis sie in die Eigentätigkeit hineinfinden. Die Erzieherin kann sie dabei unterstützen, wenn sie ihnen gelegentlich kleine Handreichungen überläßt. Es stärkt ihr Zutrauen, wenn sie dann hören, daß sie dieses oder jenes besonders gut können.

Es ist kein Nachteil, wenn in einer Spielgruppe nur wenig Spielmaterial zur Verfügung steht, denn dadurch wird die Phantasie rege und das Talent zum Improvisieren geweckt. Die Spielgruppen-Mutter kann dabei Vorbild sein. Die Kinder kommen gut mit Spielsachen zurecht, die nicht eindeutig festgelegt, sondern verwandelbar sind (s.a. Kap. 2). Verschiedene Figuren lassen sich – ohne Anspruch auf künstlerische Vollkommenheit – z.B. aus ungesponnener Schafswolle zupfen oder aus Tüchern knoten.

Umgang mit der Gruppe

Auch in einer Spielgruppe verläuft nicht immer alles nur in Harmonie. Immer wieder sieht sich die Betreuerin herausgefordert, Auseinandersetzungen zu schlichten. Die Kinder suchen ihren Trost und Beistand, sie wollen aber auch gerne ausprobieren, wo sie ihre Grenzen hat. Sie kann ausgleichend wirken, wenn es ihr gelingt, gelassen zu bleiben und phantasievoll zu reagieren.

In eine Spielgruppe kam ein fünfjähriger Bub neu dazu. Er war ein bißchen unsicher, denn er wußte nicht, was ihn dort erwarten würde. Er hatte sein Spielzeuggewehr umgehängt, als er dort erschien. Die Spielgruppen-Mutter empfing ihn ganz lieb. Dann sagte sie mit der größten Selbstverständlichkeit: «Du kannst das Gewehr in die Garderobe hängen, das brauchst du hier nicht.» Noch einige Male ging das so, dann ließ der Bub seine Spielzeugwaffe von sich aus zu Hause.

Während der Freispielzeit brüllt Florian (6 J.) der Spielgruppen-Mutter entgegen: «Ich bin ein Löwe! Ich fresse dich!» Sie bleibt gelassen und fragt: «Wo ist denn dein Löwenfell?» Der Bub holt sich ein großes gelbes Tuch und ist erst einmal beschäftigt, es aufzufalten und um seinen Körper zu schlingen. Endlich fällt es nicht mehr herunter. «Ich brauch' noch was auf den Kopf!», sagt Florian. Ein anderes Kind kommt dazu. Es will sich auch als Tier verkleiden.

Die Kinder sind beim Freispiel. Mehrere spielen zusammen Eisenbahn. Moritz kommt dazu: «Ich will auch mitfahren!» – «Nein, das geht nicht!» – «Warum nicht?» – «Wir sind schon so viele!» – «Ich will aber!» – «Geht trotzdem nicht!» – Moritz weint. Er läuft zur Spielgruppen-Mutter. Sie meint, daß man zum Eisenbahnfahren sicher auch Fahrkarten ganz gut gebrauchen könnte. Papier und Schere werden geholt. Moritz freut sich. Er ist schon eifrig dabei, Fahrkarten anzumalen. Jetzt finden die anderen ihr Spiel gar nicht mehr so interessant. Sie wollen auch mitmachen. Auf einmal sind alle beim Ausschneiden und Bemalen. Sie sind einträchtig beieinander. Es

gibt Karten für Erwachsene und für Kinder. Bald ist ein ganzer Stoß von Fahrkarten vorbereitet. Die Reise kann losgehen. Nun wird ein Kartenverkäufer gebraucht, und einen Kartenzwicker muß es auch geben. Gut, daß die Spielgruppen-Mutter mitspielt, sonst gäbe es viel zu wenig Fahrgäste.

Die eigenen Kinder

Für die Kinder der Betreuerin bringt die Spielgruppe einige Veränderungen mit sich. Nicht nur, daß nun an bestimmten Tagen andere Mädchen und Buben kommen und daß sie die Mutter dann nicht mehr ganz für sich haben – man wird von ihnen erwarten, daß sie «geben» können, d.h. daß sie ihr Spielzeug ohne Aufhebens teilen. Nicht immer sind Kinder ohne weiteres dazu in der Lage. Wenn sie nicht darauf vorbereitet wurden, werden sie – möglicherweise – ganz vehement ihre Habseligkeiten verteidigen. Man kann von einem kleinen Kind nicht erwarten, daß es sich unvermittelt mit der neuen Situation zurechtfindet. Ist es aber schon einige Zeit vor Beginn der Initiative darauf eingestimmt worden, daß seine Spielsachen zu gewissen Zeiten auch von anderen benutzt werden, dann macht es in der Regel überhaupt keine Schwierigkeiten. Verständnis haben sollte der Erwachsene allerdings dafür, daß ein Kind eine so innige Beziehung z.B. zu seiner Lieblingspuppe haben kann, daß es diese vorübergehend lieber an einem unzugänglichen Ort aufbewahren möchte.

Das eigene Kind muß in der Spielgruppe genauso behandelt werden wie die Gäste. Es will auch so unbefangen spielen wie diese und nicht mit verschiedenen Aufgaben betraut werden, wie z.B. «Bau doch noch einmal so eine schöne Burg auf» – «Zeig' mal, wie man mit den Tüchern spielt». Das eigene Kind ist nicht Assistent für eine Aufgabe, welche die Spielgruppen-Mutter aus freien Stücken übernommen hat. Es hilft aber sehr gerne von sich aus bei verschiedenen Vorbereitungen mit. Besonders das Schmücken für die Feste macht ihm Spaß. Es ist natürlich viel spannender, wenn manches noch ein bißchen geheimnisvoll bleiben darf und wenn es diese oder jene Überraschung erst zusammen mit den anderen Kindern erlebt.

Mütter und Väter

Über die Betreuung der Spielgruppe hinaus gibt es auch für die anderen Mütter und Väter einiges zu tun. Es fördert das Zusammenwachsen der Gemeinschaft, wenn jeder – nach seinen Möglichkeiten – etwas beiträgt. Die Initiative, die sich freiwillig zusammengeschlossen hat, ist auf die Mitwirkung aller Beteiligten angewiesen. Aufgaben, die über die Betreuung der Kinder hinausführen, können der Spielgruppen-Mutter abgenommen werden. Für das kleine Frühstück muß eingekauft und gegebenenfalls etwas vorbereitet werden. Zum Zeichnen, Malen, Kneten, Nähen etc. wird Material gebraucht. Es ist ein – zu vereinbarendes – Materialgeld einzusammeln, Kopien von Lied- oder Märchentexten werden gebraucht, damit besonders Eltern, die ihr Kind nicht jeden Tag in eine Spielgruppe bringen, die Möglichkeit haben, zu Hause weiterzupflegen, was dort angelegt wurde. Bei Gelegenheit werden Festvorbereitungen zu treffen sein.

Mütter und Väter, die sich zu Spielgruppen zusammengefunden haben, entfalten ungeahnte Fähigkeiten. Es macht ihnen Freude, die Initiative tatkräftig zu unterstützen. Gerne trifft man außerhalb der Spielgruppenzeit mehr oder weniger regelmäßig zusammen, um einmal in Ruhe dieses oder jenes zu besprechen oder vorzubereiten. Gemeinsam macht es meistens sehr viel Spaß, etwas zu fertigen, was die Kinder zu Hause oder in der Spielgruppe brauchen. Verschiedene Figuren und auch Spieltücher können in Elternarbeit entstehen. Man kann miteinander Puppenspiele einüben, sich in die pentatonischen Lieder einfinden. Erwachsene staunen oft, wenn sie dabei entdecken, daß viel mehr schöpferisches Talent in ihnen steckt, als sie geglaubt hatten. Die gemeinsame Tätigkeit ist belebend, und man kommt dabei ganz ungezwungen ins Gespräch. Es können Gedanken und Fragen ausgetauscht werden.

Im Laufe der Zeit, wenn die Eltern untereinander vertrauter sind, werden zunehmend auch Erziehungsfragen zur Sprache kommen, die nicht nur in der Spielgruppe, sondern auch in den Familien zu Hause entstehen. Wenn man versucht, einem Problem näherzukommen, ist es für alle Beteiligten hilfreich, es von verschiedenen Seiten, möglichst auch aus der Sicht des Kindes, zu beleuchten. Oft entsteht der Wunsch, gemeinsam Texte zu lesen und zu erarbeiten, die sich mit Erziehungskunst, mit dem Wesen des kleinen Kindes, mit Strafe etc. auseinandersetzen. Ein Eltern-Gesprächskreis wird sehr lebendig, wenn verschiedene Erwachsene ihre Erfahrungen einbringen und durch praktische Beispiele anschaulich machen. Es ist erfrischend, wenn man merkt, daß auch die anderen nicht unfehlbar sind und daß man mit seinen Fragen nicht allein steht. Aus Erziehungsproblemen, die man zur Sprache bringt, können alle lernen.

10

In der Spielgruppe

Tagesablauf

Der Tagesablauf in der Spielgruppe kommt den Bedürfnissen der Kinder entgegen, wenn er rhythmisch aufgebaut ist. Durch Bewegung und Ruhe, die einander abwechseln, wird er belebt. Äußerlich gesehen sind alle Spielgruppen-Tage gleich gestaltet. Sie fangen mit dem Freispiel an, darauf folgt ein gemeinsamer Teil. Zwei Vorschläge zeigen Möglichkeiten für das Programm eines Spielgruppen-Vormittags.

Spielgruppe für zwei Stunden:
Freispiel, Aufräumen, kleines Frühstück, Reigen, Gemeinsames, Abschluß.

Spielgruppe für den ganzen Vormittag:
Freispiel, Aufräumen, kleines Frühstück, ins Freie, Gemeinsames, Abschluß.

Erster Teil

Am Morgen

Morgens, wenn die Kinder hereinkommen, ist es jedes Mal schön für sie, wenn sie von einer fröhlich beschwingten Stimmung empfangen werden. Es tut ihnen wohl, zu spüren, daß sie von Herzen willkommen sind und daß man sich auf sie freut. Sie fühlen sich ganz persönlich angesprochen, wenn man sie einzeln und mit Namen begrüßt. Nachdem sie ihre Jacken oder Mäntel abgelegt haben und die Straßenschuhe gegen Hausschuhe ausgewechselt wurden, kommen sie in den Gruppenraum.

Freispiel

Beim Freispiel haben die Kinder Gelegenheit, frei von Vorgaben oder Anleitungen selbst Spielideen aufzugreifen. Durch das einfache Spielmaterial (s.a. Kap. 3), das ihnen zur Verfügung steht, und durch das, was die Spielgruppen-Mutter selbst beginnt, werden die Kinder zur Eigentätigkeit angeregt. Ob sie selbst etwas aufbauen, ob sie mitmachen, wenn z.B. das Frühstück vorbereitet oder etwas für den Gruppenraum oder für ein nächstes Fest gefertigt wird, bleibt ihnen überlassen. Solange die Kinder mit der Spielgruppe noch nicht so sehr vertraut sind, brauchen sie beim Freispiel besondere Zuwendung durch die Spielgruppen-Mutter (s.a. Kap. 9).

Je öfter die Mädchen und Buben zusammenkommen, um so leichter finden sie sich in das freie Spiel hinein. Sie werden recht bald mit dem Spielmaterial und mit der Umgebung vertraut sein. Meistens ist es dann so, daß sie zum Ende der Freispielzeit mitten im schönsten Spiel sind. Auch wenn dann noch etwas Raum gegeben wird, irgendwann muß doch Schluß gemacht werden.

Aufräumen

Bei den verschiedensten Gelegenheiten während des Alltags kann der Erwachsene die Kinder dadurch zur Tätigkeit anregen, daß er selbst etwas vormacht. Wenn es aber ums Aufräumen geht, ist es oft besser, sie erst ein bißchen einzustimmen, damit sie Gelegenheit haben, sich von ihrem Spiel zu lösen. Es wäre einfach ungemütlich, wenn der Erzieher das Freispiel dadurch beenden würde, daß er unvermittelt anfinge, aufzuräumen. Die Kinder haben etwas aufgebaut und ausprobiert. Sie freuen sich, wenn es noch einmal angeschaut wird, bevor wieder alles an seinen Platz gebracht werden muß. Wenn das Aufräumen spielend geschieht, dann helfen sie auch von sich aus gerne mit.

Da rasselt etwas! – Jetzt hört man es wieder. Einige Kinder schauen nur kurz auf, andere sind neugierig. Sie wollen gleich sehen, woher das kommt. «Hei dideldum dei – Kinder – kennt ihr mich?» Das Schellenmanndl ist da. Es taucht immer auf, wenn es Zeit wird zum Aufräumen.

Jedes Mal kommt es in die Spielgruppe. Jetzt hüpft es fröhlich auf und nieder, und seine Schellen läuten dabei. Inzwischen haben sich längst alle Kinder von ihrem Spiel gelöst. Der kleine fröhliche Gesell hat ihre Aufmerksamkeit gewonnen. Es gefällt ihnen, daß er so ein bißchen neugierig ist und alles anschauen möchte, was sie aufgebaut haben. Das Schellenmanndl weiß auch, daß man nachher noch etwa Schönes zusammen machen wird und daß dafür Platz gebraucht wird. Ob er den Kindern beim Aufräumen helfen darf? Er macht das so gern! Hoho, holla he, da treibt er das Pferdchen voran. Wer verrät ihm, wo es seinen Stall hat? – Weiß jemand, wo die Zwerge wohnen und wie sie in ihr Reich zurückfinden können? Die Kinder zeigen nicht nur, wo Verschiedenes hingehört, sie räumen es nun auch von sich aus auf. Dem Schellenmanndl fällt immer irgendetwas Lustiges ein. Für die Puppen wird ein umgedrehter Hocker in eine Kutsche verwandelt. Da dürfen sie sich mit allem, was sie sonst noch dabei haben, hineinsetzen und nach Hause fahren. Die Klötze können auf einer Rutschbahn – einem längs gefalteten Spieltuch – in den Korb purzeln. Die Spieltücher lassen sich am besten falten, wenn immer zwei Kinder zusammenhelfen: klipp und klapp und schnipp und schnapp. Bald ist alles an seinem Platz. Heute hat das Aufräumen richtig Spaß gemacht. Das Schellenmanndl verabschiedet sich. Nächstes Mal kommt es wieder – ganz bestimmt.

Das Schellenmanndl kann auf beliebige Weise und aus verschiedenen Materialien gefertigt werden. Es genügen z.B. ein buntes quadratisches Stückchen Stoff (z.B. ein Taschentuch), eine Papierkugel ø 5 - 6 cm (erhältlich in Bastelgeschäften), vier kleine Schellen und etwas Märchenwolle. Die Papierkugel dient als Kopf. Das darin vorhandene Loch wird so erweitert, daß man einen Finger tief hineinstecken kann. Das Tuch, an dessen Ecken je eine Schelle festgenäht wurde, setzt man auf den Zeigefinger, darauf steckt man den Kopf. Er hat Haare aus Märchenwolle.

Zweiter Teil

Jetzt gibt es wieder Platz, um gemeinsam etwas zu beginnen. Nach dem Händewaschen etc. wird ein Kreis gebildet. Mit einem Lied oder einem Spruch wird nun der zweite Teil des Spielgruppen-Vormittags eingestimmt:

«Rein wie das feinste Gold,
fest wie ein Felsenstein,
ganz lauter wie Kristall
soll meine Seele sein.»
(Angelus Silesius)

Kleines Frühstück

Ob der Spielgruppen-Vormittag zwei Stunden oder länger dauert – eine kleine Stärkung ist immer willkommen. Durch die gemeinsame Mahlzeit kann auch das soziale Element in der Gruppe gepflegt werden. Alle dürfen mithelfen, den Tisch vorzubereiten und zu decken. Da sind einige Kinder munter in Bewegung. Das bereitgestellte Geschirr, das Besteck und die «Stärkung» werden herbeigeholt. An besonderen Tagen wird der Tisch festlich geschmückt. Bei manchen Kindern dauert es, bis sie sich in das Mithelfen hineinfinden, ihnen ist es das Wichtigste, einen guten Platz zu ergattern. Sie sitzen schon, wenn andere noch vorbereiten. Oft erlebt man, daß Kinder anfangen zu quengeln, weil sie nicht neben dem einen, sondern lieber neben dem anderen sitzen wollen. Ohne weiteres gehen sie aber darauf ein, wenn der Erwachsene mit einem Abzählvers die Sitzordnung regelt:

Itzen ditzen Silberspitzen,
der Platz ist für dich zum Sitzen.

Das kleine Frühstück kann Anlaß sein, die Ehrfurcht vor dem Essen und die guten Gewohnheiten zu pflegen. Ob man zu Beginn einen Spruch spricht, ob man einander die Hände reicht, sich einen guten Appetit wünscht etc., das wird individuell sehr verschieden sein. Können alle gemeinsam am Tisch sitzen und warten, bis jeder etwas bekommen hat? Wie ist es, wenn einer schon anfängt, ehe die anderen etwas auf dem Teller haben, oder wenn man jemand sagt, daß er dieses oder jenes nicht essen mag? Wenn die Spielgruppen-Mutter auch nicht grundsätzlich in die Erziehung der Kinder eingreift, so liegt es doch an ihr, welche Gepflogenheiten für die Spielgruppe gelten. Es ist nicht sinnvoll, ein Problem daraus zu machen, wenn Kinder nicht essen wollen. Die Gemeinschaft wird gepflegt, wenn während der Mahlzeit alle beisammen sitzen.

Reigen

Wenn das kleine Frühstück beendet ist und alles weggeräumt wurde, wird ein großer Kreis gebildet. Die Beine, die Füße, die Arme, die Hände und auch die Fingerspitzen bekommen jetzt etwas zu tun. Es gibt Reigenspiele (s.a. Kap. 6). Mit Reigen können in der Spielgruppe auch die Jahreszeiten begleitet werden.

Gemeinsames

Nach dem Reigen finden sich alle zu einer gemeinsamen Beschäftigung zusammen. Je nach Jahreszeit, Festeszeit oder anderen Gegebenheiten kann man z.B. mit Wasserfarben malen (s.a. Kap. 4), eine Geschichte oder ein Märchen erzählen bzw. nachspielen oder ein Puppenspiel aufführen (s.a. Kap. 7). Eines davon – ganz in Ruhe vorbereitet und gestaltet – genügt. Wenn es zu viel Programm gibt, haben die Kinder nichts davon. Sie können es nicht verkraften und werden dann oft zappelig.

Ins Freie

Wenn die Spielgruppen-Kinder den ganzen Vormittag zusammenbleiben, dann dürfen sie nun hinaus ins Freie. Ein Spaziergang, ein Ausflug zum Spielplatz oder in den Park bekommt ihnen bei jedem Wetter.

Abschluß

Die Spielgruppe geht zu Ende. Bald werden die Mütter und Väter kommen und ihre Kinder abholen. Doch vorher huscht noch jemand herein. Es ist der Mittagszwerg. Er schaut jedes Mal vorbei, bevor die Kinder nach Hause gehen. Er kennt sie alle, auch mit Namen. Sie haben ihr Vergnügen, wenn er auftaucht. Er ist immer guter Dinge. Manchmal, wenn es noch genug Zeit gibt, dann erzählen ihm die Kinder etwas, oder sie singen ihm ein Lied. Ach, wie er sich freut, wenn sie alle so fröhlich

sind. Das hat er gerne! Wenn die Eltern noch ein bißchen auf sich warten lassen, dann weiß er hin und wieder noch etwas zu raunen – vom Wald, von den Tieren, den Wurzeln, dem Moos und auch von den Zwergen. Die Kinder haben diesen kleinen Wicht bald tief ins Herz geschlossen. Sie erkundigen sich oft gleich frühmorgens, ob er denn heute wieder käme. Einmal, als der Mittagszwerg wieder zur Spielgruppe kam, kramte eines der Kinder in seiner Hosentasche. Es zog ein kleines Päckchen heraus. Eine Schleife hielt das Papier zusammen: «Das ist für dich», sagte es und reichte es dem Wicht. Der nestelte es – ein wenig umständlich – auf. Es war eine Kette darin, die hatte das Kind aus Apfelkernen selbst aufgefädelt. Wie er sich da freute! Seit diesem Tag bekam er noch oft «Schätze». Auch die anderen Kinder wollten ihm immer wieder eine Freude machen und brachten ihm etwas mit.

Der Mittagszwerg kann z.B. eine Fingerpuppe mit einer spitzen Mütze oder eine Marionette sein.

Die ersten Kindergruppen-Tage

Für viele Kinder ist der Besuch einer Spielgruppe ein erster Schritt, mit dem sie beginnen, sich von zu Hause zu lösen. Einigen fällt das überhaupt nicht schwer. Sie sind schon gespannt auf das, was sie erwartet. Für andere aber ist die Trennung ein Schmerz, sei es, weil sie noch nie von daheim fort waren, oder weil sie spüren, daß es im Grunde der Mutter, dem Vater selbst nicht leicht fällt, sich zu lösen. Ein Kind mit großem Abschiedskummer kann das Gelingen eines ganzen Spielgruppen-Vormittags in Frage stellen. Wenn erst einmal eines anfängt, hingebungsvoll zu weinen, dann dauert es oft nicht lange, bis ein anderes sich anstecken läßt. Wortreiche Tröstungen helfen nun kaum. Für die Kinder ist es wichtig, daß der Erzieher sich jetzt nicht verunsichern läßt. Er kann ihnen am besten aus ihrer Lage heraushelfen, wenn er sie nun in ihrer Nachahmungsfreude anregt. Mit einem Reim oder einem kleinen Spiel (s.a. Kap. 7) kann es gelingen, sie von einer Stimmungslage in die nächste zu bringen. Ihr Rhythmus und ihr Sprachklang wirkt viel ansprechender als alle vernünftigen Worte. Wichtig ist natürlich, daß man ein bißchen Geduld hat und alles mehrmals wiederholt. Die Kinder fangen dann ganz von sich aus an, mitzumachen.
Bei dem nachfolgenden Spiel kann kaum ein Kind untätig bleiben. Der Reihe nach werden dabei erst die einzelnen Finger und die ganze Hand hin- und herbewegt, die runde Faust klopft auf die freie flache Hand, der Ellenbogen ebenso.

Text: E. Meinerts / Melodie: Chr. Kutik

– der Mittelfinger
– der Ringfinger
– der kleine Finger
– das ganze Händchen
– das runde Fäustchen
– der Ellenbogen
– dann fängt der Fuß zu tippen an
– dann fängt der Kopf zu nicken an
– dann fängt das Ohr zu wackeln an
– dann fangen wir von neuem an

Bezugsquellen

– Ungesponnene Schafwolle (kadetscht oder gereinigt) erhält man bei Schafszüchtereien und Bettwarengeschäften.

– Spieltücher aus Baumwolle oder Pongé–Seide (Meterware oder gesäumt) in Fachgeschäften oder bei: Monimo-Stoffe, Monika Rohland, Am Markt 9, 5840 Schwerte, Tel. 02304/2801.

– Bastelfilz 20 / 30 cm in verschiedenen Farben gibt es in gut sortierten Bastelgeschäften oder bei: Johanna Daimer, Kobellstraße 15, 8000 München 2, Tel. 089/776984 (Versand ab 10 Stück).

– Pentatonische Kinderharfen sind erhältlich z.B. bei: Leierbau «Im Duhr», Becker & Westhusen GBR. Donnerstraße 31, 5620 Velbert 1, Tel. 02052/4369–8086, oder: Atelier für Instrumentenbau, Hartmut Buchzik, 7156 Maienfels, Tel. 07945/2218.

– Aquarellfarben zum Auflösen bekommt man in Fachgeschäften für Mal- und Zeichenbedarf.

– Wachsmalkreiden in Blöckchen und Bienenknetwachs gibt es in gut sortierten Naturläden.

– Versandhandel für Spiel- und Arbeitsmaterialien z.B. bei:
Kunst und Spiel, Nikolaistraße 2, 8000 München 40;
oder Hanne Kley, Eschersheimer Landstr. 366, 6000 Frankfurt 1.

Literaturhinweise

Kapitel 1 Vom kleinen Kind

Rudolf Steiner: «Die Erziehung des Kindes vom Gesichtspunkt der Geisteswissenschaft». Rudolf Steiner Verlag, Dornach 1988.
Caroline von Heydebrand: «Vom Seelenwesen des Kindes». Mellinger Verlag, Stuttgart 1988.
Marta Heimeran: «Von der Religion des kleinen Kindes». Verlag Urachhaus, Stuttgart 1983.
Christa Beichler: «Was tue ich, wenn mein Kind ...». Novalis Verlag, Schaffhausen.
Franz Kafka: «Brief an den Vater». Fischer Taschenbuch, Frankfurt 1988.
Alfred Schütze: «Von der dreifachen Ehrfurcht. Goethes Gedanken zur Erziehung.» Verlag Urachhaus, Stuttgart 1973.
Jean Paul: «Knospe der Kindheit». Verlag Freies Geistesleben, Stuttgart 1990.

Kapitel 2 Vom Spielen

Heidi Britz-Crecelius: «Kinderspiel – lebensentscheidend». Verlag Urachhaus, Stuttgart 1987.
Ingeborg Haller: «Das spielende Kind». Verlag Freies Geistesleben, Stuttgart 1988.
Karin Neuschütz: «Lieber spielen als fernsehen». Verlag Freies Geistesleben, Stuttgart 1986.

Kapitel 3 Spielmaterial

Freya Jaffke: «Spielzeug von Eltern selbstgemacht». Verlag Freies Geistesleben, Stuttgart 1985.
Karin Neuschütz: «Das Puppenbuch». Verlag Freies Geistesleben, Stuttgart 1985.

Kapitel 4 Schöpferisches Gestalten

Brunhild Müller: «Malen mit Wasserfarben». Verlag Freies Geistesleben, Stuttgart 1987.
Michaela Strauss: «Von der Zeichensprache des kleinen Kindes». Verlag Freies Geistesleben, Stuttgart 1983.

Kapitel 5 Rhythmus

Christiane Kutik: «Das Jahreszeitenbuch». Verlag Freies Geistesleben, Stuttgart 1988.
«*Jahreszeitentische*». Verlag Freies Geistesleben, Stuttgart 1990.

Kapitel 6 Musik

Richard Rudolf Klein: «Willkommen, lieber Tag», Bd. 1 und 2, Alte und neue Kinderlieder. Verlag Moritz Diesterweg, Frankfurt.
Thomas Pedroli, Dietmar Bloch: «Spielen mit Choroiflöten». Edition Bingenheim im Verlag Freies Geistesleben, Stuttgart 1986.
Alois Künstler: «Das Brünnlein singt und saget. Lieder und Melodien für Kinder». Edition Bingenheim im Verlag Freies Geistesleben, Stuttgart 1986.
«Singspiele und Reigen für altersgemischte Gruppen». Verlag Freies Geistesleben, Stuttgart 1989.
Freya Jaffke: «Tanzt und singt». Verlag Freies Geistesleben, Stuttgart 1987.

Kapitel 7 Erzählen und Erleben

«*Kleine Märchen und Geschichten*». Verlag Freies Geistesleben, Stuttgart 1987.
«*Hänschen Apfelkern*». Verlag Freies Geistesleben, Stuttgart 1987.
«*Rhythmen und Reime*». Verlag Freies Geistesleben, Stuttgart 1987.
Hedwig Diestel: «Kindertag». Verlag Freies Geistesleben, Stuttgart 1985.

Quellenangaben

«Sonne, Sonne, komm hervor...» von Hedwig Diestel aus: Rhythmen und Reime. Verlag Freies Geistesleben, Stuttgart 5. Auflage 1987.
«Der Montag schüttelt seinen Kopf...» von Marianne Garff aus: Es plaudert der Bach. Gedichte für Kinder. Verlag Die Pforte, Basel 8.Auflage 1987.
«Schwinge, Schwengel, schwinge...», Text von Marianne Garff, Melodie von Johanna Ruß aus: Schwinge, Schwengel, schwinge. 60 pentatonische Kinderlieder von Johanna Ruß. Uitgeverij Zevenster, Driebergen 1981.
«Leise, leise, aufgepaßt», Text von Hedwig Diestel, Melodie von Johanna Ruß aus: Schwinge, Schwengel, schwinge.
«Ich bin ein großer brauner Bär», Text von Hedwig Diestel aus: Kindertag. Gedichte für Kinder. Verlag Freies Geistesleben, Stuttgart 6. Auflage 1988.
«Ich bin ein kleiner Butzemann...» von Hedwig Diestel aus: Kindertag.
«Schweinchen fett und Schweinchen dick...», «Das ist der Vater lieb und gut» und «Linke Hand, die ist der Stall...» von Eva Meinerts aus: Links ein Ohr und rechts ein Ohr. © Bertelsmann Verlag, München 1981.
«Der Hahn und das Küken», Ungarisches Märchen aus: Der Mann mit dem Blumenkopf. Verlag Jugend und Volk, Wien.
«Vom Riesen», «Klumpedump und Schnickelschnack», «Bibberlein und Hutzelbein» und «Die drei Hühnchen» von Hedwig Diestel aus: Verse zur Eurythmie. Verlag Die Pforte, Basel 2. Auflage 1975.
«Wir spielen, wir spielen, wir fangen lustig an...», Text von Eva Meinerts aus: Links ein Ohr und rechts ein Ohr.
«Vom Großväterchen», Tschechisches Märchen aus: Tschechische Märchen, hrsg. von Oldrich Sirovatka. Eugen Diederichs Verlag, München.

CHRISTIANE KUTIK / EVA OTT-HEIDMANN

Das Jahreszeitenbuch

Anregungen zum Spielen, Basteln und Erzählen –
Gedichte, Lieder und Rezepte zum Jahreslauf.
Durchgehend illustriert. 4. Auflage, 320 Seiten, gebunden

Was sollen wir mit unseren Kindern spielen; welche Geschichten erzählen, welche Lieder singen? Eltern und Erzieher sind heute oft ratlos, wenn es um solche Fragen geht. Altes, traditionelles Brauchtum hat weitgehend seine soziale Wirksamkeit verloren oder ist gar in Vergessenheit geraten. Neue Ideen aber sind rar, Erneuerungskräfte kaum vorhanden.
Das Jahreszeitenbuch will hier weiterhelfen. Es zeigt in Form eines echten «Hausbuches», wie der Jahreskreislauf, mit den Kindern gemeinsam erlebt, zum Spielen, Singen, Erzählen, Basteln und Backen anregt. Daraus kann dann auch ein sinnvolles Gestalten der Jahresfeste entwickelt werden: Weihnachten und Ostern, aber auch die heute kaum noch beachteten Feste Johanni und Michaeli. Christiane Kutik erläutert knapp die Bedeutung dieser Feste. Sie schafft es, durch die Auswahl der Geschichten und Lieder und mit ihren begleitenden Zwischentexten Eltern und Kindern das Erleben des Jahreslaufs wieder nahezubringen. Überdies ist das Buch wunderschön mit vielen Zeichnungen von Eva Ott-Heidmann versehen.

«Das neue, große Jahreszeitenbuch ist vergleichbar mit einem wunderbaren Schatzkästlein. Wo immer man es aufschlägt, finden sich Kostbarkeiten, jedoch nicht wahllos und kunterbunt, sondern bei aller Lebendigkeit folgerichtig in den Jahreskreis und seine Festeszeiten eingeordnet.»

Die Brücke

RUDOLF KISCHNIK / WIL VAN HAREN

Der Plumpsack geht rum!

Kreis- und Bewegungsspiele für Kinder und Jugendliche.
Mit zahlreichen Zeichnungen von Ronald Heuninck,
deutsche Bearbeitung von Johannes Hörner.
300 Seiten, gebunden

«Alltäglich ist das Bild heute nicht mehr: Kinder, die im Kreis stehen, sich an den Händen halten und einen Reigen nach dem anderen singen und tanzen. Wo sollten sie auch spielen? Der früher selbstverständliche Spielort, die Straße, wird schon lange vom Auto beherrscht. Spielplätze sind oft so einfallslos, daß bestenfalls Hunde sie besuchen mögen. Unser modernes Lebensgefühl hat ein übriges getan, um die Tradition der Reigen- und Kreisspiele zu unterbrechen. Aber in den Kindern lebt nach wie vor eine ursprüngliche Spielelust. Nur weniger Anstöße bedarf es, um sie wieder zu wecken. Viele Erwachsene kennen jedoch selbst kaum mehr solche Spiele. Diese Lücke schließt das Buch ‹Der Plumpsack geht rum!›. Es versammelt über 300 Spiele, die bewußt an alte Spieltraditionen anknüpfen.» *Süddeutscher Rundfunk «Der grüne Punkt»*

Arbeitsmaterial aus den Waldorfkindergärten

8 Hänschen Apfelkern

Kleine Märchen und Geschichten zum Erzählen und Spielen.
Gesammelt und bearbeitet von *Bronja Zahlingen.*
5. Auflage, 50 Seiten, kartoniert

9 Zwerge

Wie man sie sieht, wie man sie macht, wie man mit ihnen umgeht.
Zusammengestellt von *Johanna-Veronika Picht*. 2. Auflage, 54 Seiten, kartoniert

10 Tanzt und singt!

Rhythmische Spiele im Jahreslauf. Zusammengestellt von *Freya Jaffke,* mit Zeichnungen von Christiane Lesch. 2. Auflage, 100 Seiten, kartoniert

11 Das spielende Kind

Beobachtungen und Erfahrungen einer Kindergärtnerin.
Von *Ingeborg Haller*. Mit Zeichnungen von Almuth Regenass-Haller. 2. Auflage, 67 Seiten, kartoniert

12 Spiel mit uns!

Gesellige Spiele für Kinder von 3 - 6 Jahren. Von *Freya Jaffke.*
Mit Zeichnungen von Christiane Lesch. 80 Seiten, kartoniert.

Verlag Freies Geistesleben

Erziehung zur Freiheit

Die Pädagogik Rudolf Steiners.
Bilder und Berichte aus der internationalen
Waldorfschulbewegung
Text: Frans Carlgren,
Bildredaktion: Arne Klingborg

208 Seiten, ca. 250 meist farbige Abbildungen,
großes Querformat, (24 x 34 cm), gebunden.
Preisgünstige Sonderausgabe, 264 Seiten, kartoniert

Alle Fragen, die man an die Waldorfschule stellt, werden klar und konkret beantwortet. Alle Gebiete, vom Kindergarten bis zum Schulaustritt, der Epochen-Unterricht, der Zeugnis- und Prüfungsverzicht, das künstlerische Prinzip, die Lehrerbildung, werden durch farbige Abbildungen verständlich gemacht. Das Werk zeigt auch, daß man an diesen Schulen die Kinder weder zu Künstlern noch zu Anthroposophen machen will.

Nationalzeitung, Basel

Es ist eine Lust, in dem reich bebilderten, großzügig angelegten Buch zu blättern und die Schülerarbeiten der verschiedenen Altersstufen zu betrachten. Und es ist ein lohnendes Unterfangen, sich in die sorgfältig gegliederten und systematisch dargebotenen Texte zu vertiefen. Nichts, worüber da nicht informiert würde von den Grundzügen der Waldorfpädagogik ... *Neue Württemberger Zeitung*

Die einzelnen Abschnitte, sachkundig gegliedert und illustriert, behandeln den gesamten Komplex der Unterrichts- und Erziehungsweise, die in den Waldorfschulen gepflegt wird ... Wir möchten diese Dokumentation in die Hand eines jeden Lehrers legen ...

Literaturspiegel für wissenschaftliche Literatur und Sachbücher